Anneliese Gleditsch

Leben so als-ob

Gottes Nähe realisieren

Verlag Sankt Michaelsbund

ISBN 978-3-943135-85-5

Titelbild: Logo der Heiligkreuztaler Begegnungstage
(www.christliche-besinnungstage.de)
Entwurf von Nina Hauser

Layout und Satz: Rudolf Kiendl, München

Herstellung: BoD – Books on Demand GmbH, Norderstedt

Inhalt

Einführung

Mit diesem Buch möchte ich meinen Mitmenschen Mut und Hoffnung machen, trotz der verworrenen Zustände auf diesem Erdball an eine gute Zukunft zu glauben. Ich bin der festen Zuversicht – und werde dies auch begründen –, dass die Zeit reif ist und eine geistige Wende kommen wird.

Es geht um die Einsicht der Menschen, dass eine Bewusstseinswende fällig ist. Es geht um ein neues Selbstverständnis der Menschheit, die untereinander wie auch mit der Natur zu einem symbiotischen Gemeinwesen zusammenwachsen soll. Wenn von umfassender Gemeinschaft die Rede ist, wird dies stets vordergründig auf die wirtschaftliche und politische Globalisierung bezogen. Es mangelt jedoch an einem Gespür für die Würde des Menschen, ja die Würde der Schöpfung. So lange uns das Ende von Ausbeuten, Krieg und Morden nur als vages Ziel vor Augen steht, sind wir innerlich nur halbherzig dabei. Ich spüre, wie es mir seelisch und sogar körperlich besser geht, wenn ich das, was „noch nicht erschienen ist", als eine Gewissheit in mir hege. Wenn wir – Du und ich – uns auf unser geistiges Potenzial besinnen, können wir Zeichen setzen. *So als-ob leben!* Das bedeutet: Eine Vision zu haben und sich unbeirrt auf sie einzulassen, so als ob sie schon Wirklichkeit wäre. Erhoffte Zukunft lässt sich hier und jetzt praktizieren!

Über eines freilich müssen wir uns klar sein: Bei dieser Verwirklichung dürfen wir Gott nicht aus dem Spiel lassen. Und zwar den *nahen* Gott, der mitten im Weltgeschehen unter uns anwesend ist. Nahen wir uns Gott, so nahet Er sich uns.

Ich möchte meinen Lesern *nahe*bringen, welche persönlichen Erfahrungen und Einsichten mir in meinem Leben als Quelle meiner Zuversicht zuteil geworden sind. Ich hoffe,

Gleichgesinnte zu erreichen, die ähnliche Erfahrungen gemacht haben und sich mit mir auf den Weg des So-als-ob begeben wollen.

Näher als Hände und Füße

Meine ersten Anregungen verdanke ich dem Studium der Bücher des Amerikaners *Joël Goldsmith.* Bis Mitte der 1970er Jahre lebte und wirkte er in Hawaii als spiritueller Lehrer und Heiler. Abertausende heilte er aus der Ferne, einzig durch Gebet und Meditation in der Gewissheit: „Gott ist mir näher als Hände und Füße, näher als der eigene Atem."

Ihn interessierten weder Diagnose noch Ursache einer Krankheit: Mit den geklagten Beschwerden hielt er sich nicht auf, niemals betete er konkret um Heilung oder die Veränderung bestimmter Zustände. Vielmehr sah er alle Dinge, alles Geschehen in die Unmittelbarkeit Gottes gestellt. Das Verweilen in der Vergegenwärtigung der Nähe Gottes nannte Goldsmith „The Way of Realization". In deutscher Übersetzung wird dies als „Weg der Verwirklichung" wiedergegeben. „Way" bedeutet aber nicht nur „Weg", sondern auch „Art und Weise", und außerdem muss man die feine Doppelsinnigkeit des englischen Wortes „Realization" beachten, nämlich zum einen *Etwas in seiner vollen Bedeutung und Tragweite erfassen* und zum anderen: *Etwas in die Wirklichkeit umsetzen.* Somit lautet der Aufruf des „Way of Realization" Beides: Die immerwährende Nähe Gottes in uns wahrnehmen, ja zulassen und dann aus uns heraus zur Darstellung bringen.

Das Thema des Geistigen Heilens begleitet mich seit meinem 32. Lebensjahr, als mein Bruder an Krebs erkrankte und die ganze Familie verzweifelt nach Wegen suchte, sein Leben zu retten. Die Diagnose Krebs war damals ein Todesurteil. Durch eine Freundin erfuhr ich von dem Heilungszentrum der englischen Geistheiler-Vereinigung unter einem sehr angesehenen Heiler namens *Harry Edwards*: Dorthin könne man schreiben und um „Fernheilung" bitten. Über drei Jahre hinweg habe ich mit dem englischen Heiler-Team monatlich Briefe gewechselt – nur mein Mann wusste hiervon. Es kostete nichts, nur ein internationaler Briefmarken-Coupon war beizulegen. Ich erhielt jedes Mal tröstliche Antwort, unbeirrt an der Hoffnung festzuhalten: „Do not limit the Power of God" – Setzen Sie der Macht Gottes keine Grenzen! Ich bin sicher, dass diese Fürbitten (intercessions) das Leiden meines Bruders wesentlich erleichtert haben, auch wenn er letztlich nicht gesund werden durfte. Er war in seiner Krankheit auf eine besondere Weise stark geworden.

Mein Mann und ich haben dann anlässlich einer England-Reise Harry Edwards aufgesucht. Seine strahlenden blauen Augen waren die Güte selbst. Unseren Dank wehrte er bescheiden ab und erklärte uns das Wesen des Geistigen Heilens: Die grundlegende Erfahrung, ja Gewissheit eines spirituellen Heilers ist die, dass nicht er selbst heilt, sondern Gott durch ihn; aber er darf Gottes *Werkzeug* und Mittler sein.

Aufgrund dieser beeindruckenden Begegnung bin ich der Deutschen Vereinigung für Geistiges Heilen beigetreten, die sich nach dem Vorbild der englischen Bewegung ausrichtet. Mich beeindruckte die Bescheidenheit und Hingabe jener Menschen, die sich lediglich als Helfende verstanden. 1983 gründete ich in München einen Fürbittekreis auf christlicher Basis. Auf diesen sich noch heute treffenden Kreis komme ich am Ende des Buches zurück.

Ähnlich wie Joël Goldsmith heilte der von allen Gruppierungen unabhängige deutsche Heiler *Günter Schwarz*, genannt *John*, den wir näher kennenlernen durften. Es hatte in seinem Leben eine Wende gegeben. Im 2. Weltkrieg bekleidete er einen hohen militärischen Rang. Jetzt aber – inzwischen 80jährig – lebte er zurückgezogen in einem kleinen Häuschen in Krün bei Garmisch-Partenkirchen und widmete sich der Gebets-Fernheilung Kranker. Sein ganzer Tag

– so drückte er selbst es aus – sei Meditation und Affirmation des Satzes: „Ich danke Gott, dass alles gut ist!“ Tausende Menschen wurden gesund, gleichviel mit welchen Nöten sie brieflich oder telefonisch bei John Hilfe gesucht hatten. Er sah sie nie persönlich, sondern antwortete jedem Einzelnen durch Gratis-Zusendung seiner Schriften und Tonbandkassetten, in denen er den Menschen seine Dank-Meditation nahebrachte.

Ein persönliches Vorbild, ja einen väterlichen Freund, fanden mein Mann und ich zu jener Zeit in dem Schweizer Evangelisten und Heiler *Johannes Mahler.* Er hatte sich in seinem Beruf als Installateur durch eine Gasvergiftung einen schweren Herzschaden zugezogen, an dem er – so die Ärzte – binnen eines halben Jahres sterben würde. In diesen Monaten fand er eine innige Beziehung zu Gott und erfuhr im Gebet blitzartig die Gewissheit, dass er geheilt war. Danach lebte er noch 40 Jahre. Er wurde zum Prediger, um seine Erfahrung von Gottes Nähe weiterzugeben, und begründete ein christliches Kur- und Erholungshaus mit biologischer Ernährung. Er blieb unabhängig und hat sich nie einer Sekte angeschlossen. Unzählige Kranke hat er geheilt, indem er mit und über ihnen betete; aber nicht als Bittgebet, sondern er dankte, pries und lobte Gott in tiefer Ergriffenheit für die gespendete Heilung, auch wenn sie noch nicht offenbar geworden war. Dieser Vorausdank, diese Vorausfreude waren echt, denn sie gerieten ihm zu einer strahlenden, mitreißenden Freudigkeit. Und den Menschen war in der Tat geholfen. Sein Aufruf war: „Worauf wartet ihr? Ihr *seid* erlöst!“

Meine eigentliche religiöse Heimat aber habe ich in Taizé gefunden, wohin ich wohl zehnmal gepilgert bin. In der Kommunität, die dort auf dem „Hügel“ besteht, wird die Nähe und die Wirklichkeit Gottes greifbar. Es ist bewegend, dreimal täglich inmitten von über tausend Jugendlichen zu singen und zu beten. *Christus für den Anderen leben* heißt das Motto, das Jung und Alt mitgegeben wird jenseits aller konfessionellen Schranken – und es wird Mut gemacht zu täglichem Neuanfang.

Ich wurde auch sehr geprägt durch das Erleben von mitmenschlicher Nähe und Gemeinschaft auf den von meinem Mann und mir gegründeten *Heiligkreuztaler Begegnungstagen.* Diese jährliche fünftägige Besinnungszeit mit ca. 120 Teilnehmern haben wir nun über 35 Jahre gestaltet. Die Grundidee entspricht dem Bedürfnis vieler Suchender nach spiritueller Öffnung, frei von dogmatischer und konfessioneller Enge. Zugleich will sie dem Trend einer sich von der christlichen Basis entfremdenden Esoterik entgegenwirken.

Einer unserer Mitstreiter im Team unserer Tagung verdient besondere Würdigung: *Theo.* Als Anonymer Alkoholiker hat er sich seit seiner Genesung, seinem „Trockensein", 40 Jahre lang für die Begleitung Alkohol-Kranker eingebracht. Die AA-Bewegung geht zurück auf den Amerikaner *Bill*, der in der tiefsten Umklammerung durch den Alkohol nur noch kapitulieren und sich Gott ausliefern konnte: Gott als der Höheren Macht – der einzigen, die mächtiger ist als der Alkohol. Bill begriff, dass nur Betroffene einander wirklichhelfen können und dass die wirksamste Stütze, die er sich selbst und seinen noch „feuchten" Kameraden geben konnte, im immer neuen Erzählen seiner eigenen Kapitulation und Genesung bestand. Heute gibt es AA-Ortsgruppen weltweit, die sich im Schutze der Anonymität regelmäßig treffen: Sie bringen zum Meeting nur ihren Vornamen mit, der berufliche bzw. soziale Status bleibt draußen. Bill begründete ein 12-Schritte-Programm: zum einen für die Aufarbeitung des Erlittenen sowie des Schadens, den man Anderen zugefügt hat; zum anderen für das Eingeständnis der bleibenden Gefährdung und des Angewiesenseins auf die Höhere Macht. Im Laufe unserer über 30jährigen

Freundschaft und dank seiner Mitwirkung bei unserer Tagung haben mein Mann und ich Unschätzbares von Theo und seinen Gefährten gelernt.

Wie steht es nun um mich heute, in meinem 80. Lebensjahr? Gott hat sich sehr viel Mühe mit mir gegeben und mir eine sehr persönliche Schulung zuteil werden lassen. Aber habe ich „really realized“ – wirklich und wirksam in die Tat umgesetzt, was ich erkannt habe?

Ich will zumindest einige der Gedanken, die mich immer wieder beschäftigen, ordnen und niederschreiben. Wie die Anonymen kann ich mich freilich nur für die Erfahrungen verbürgen, die ich selbst gemacht habe. So komme ich nicht umhin, auch sehr persönliche Erlebnisse einzuflechten, die mich geprägt haben. Ich bilde mir nicht ein, die Wahrheit gefunden zu haben: Es gibt für uns auf Erden keine absolute Wahrheit, sondern immer nur „Wahr“-ianten.

Gottes Nähe in uns

„Näher als Hände und Füße …" *Joël Goldsmith* ist nicht der einzige, der aus dieser Erfahrung lebte und wirkte. Auch im *Koran* (Sure 50/16) wird Allah gepriesen als „mir näher als meine Halsschlagader", als mein spürbarer Pulsschlag. *Augustinus*, in seinem Nachspüren über den transzendenten und immanenten Gott, spricht vom „Deus interior intimo meo" – mir innerlicher als mein Innerstes. *Meister Eckhart* hat es so erfahren: Je mehr der Mensch sich leer mache, desto mehr müsse Gott „notwendig" in ihn einziehen. Und *Gerhard Teerstegen* dichtete in Ergriffenheit: „Gott ist gegenwärtig … Gott ist in der Mitten, alles in uns schweige …"

Gibt es Gott? Diese Frage bleibt für den rational geprägten Menschen eine Herausforderung, denn bei dem Versuch logischer Gottesbeweise drehen sich die Argumente im Kreise. Wir können die Existenz Gottes – bejaht oder verneint – nur zur persönlichen Lebenserfahrung machen.

„Etsi Deus non daretur" – auch wenn es Gott nicht gäbe – lautet ein berühmtes Zitat des niederländischen Juristen *Hugo Grotius*, der – auf lateinisch – als Erster im Jahre 1625 ein grundlegendes völkerrechtliches Werk zum Kriegs- und Friedensrecht vorgelegt hat. Als ein aufgeklärter Denker seiner Zeit vertrat er die Ansicht, dass der Mensch bereits kraft seiner Vernunft zu geregelten Lebensordnungen im Sinne eines Naturrechts gelange. Dazu – so behauptet Grotius und gibt zugleich seine Vermessenheit zu – bedürfe es keines Gottes.

Der evangelische Theologe *Helmut Thielicke* hat diese Verneinung in eine Affirmation umgewandelt: In seinem 1983 erschienenen Buch „Und wenn Gott wäre" gibt er dem Leser die Anregung, nur wenige Wochen lang zu denken und zu handeln, so als-ob es Gott gäbe, und sich dann ehrliche Rechenschaft abzulegen, ob sich hierdurch etwas im Leben verändert.

Angesichts der Allgegenwart Gottes folgert Goldsmith: Gott durchdringt alles – auch dich und mich. Somit kann es in diesem Universum nichts geben, das nicht mit Ihm übereinstimmt – somit auch nichts Böses, Unheilvolles. Wir Menschen aber leben an dieser Wahrheit vorbei, solange wir an das Böse glauben und alles in Gut und Schlecht trennen. Dann erblicken, ja „erfinden" wir überall Bedrohliches, Unheil, Gebrechen. Diese gespaltene Weltsicht bezeichnet Goldsmith als einen fatalen Irrtum, der „keineswegs dadurch zur Wahrheit wird, dass die gesamte Menschheit ihm verfallen ist".

In dem biblischen Mythos vom Sündenfall ist der Sturz aus der paradiesischen Sorglosigkeit in die Trennung, ja Isolation, anschaulich dargestellt: Mit der zunehmenden Erkenntnis, dem Bewusstwerden seiner selbst ist der Mensch „ausgestiegen" aus seinem Eins-Sein-in-Gott. Hinfort versteht er sich als eigen-ständig: als ein Wesen „wie Gott". Er wähnt sich göttlich – nahezu allwissend und ausgestattet mit großer Macht, wodurch er sogar in die Schöpfung eingreifen kann. Doch all dies belastet den Menschen mit der Hypothek seiner eigenen Zerrissenheit – in sich selbst wie auch zwischen zwei Fronten: Der personifizierte Böse wird ihm zur stets lauernden Anwesenheit, ja zum gefährlichen Gegenspieler von Gott.

Mir ist klar geworden, dass das 1. Gebot „Du sollst keine Götter haben neben mir" uns nicht gegeben ist, weil Gott dauernd gehuldigt zu werden wünscht, sondern zum Schutz für uns Menschen. Denn sobald wir unseren Blick von Gott abwenden und an anderes heften, sind wir innerlich zerrissen. Der Kampf zwischen Gut und Böse findet im Menschen selber statt.

Historisch dürfte der Glaube an die Macht des Bösen zusammenhängen mit der altpersischen Lehre des *Zarathustra* vom ewigen Kampf zwischen Licht und Finsternis – als zwei gleich starken Kräften. Als Persien unter *Kyrus* zum Befreier Israels aus der Babylonischen Gefangenschaft wurde, stand zugleich der Prophet *Jesaja (Deutero-Jesaja)* auf, um mit aller Eindringlichkeit dem damaligen persischen Weltbild entgegenzutreten und Jahwe als den alleinigen Gott und Herrscher zu verkündigen. Jahwe ist erhaben über jegliche Vorstellung von Polarität, denn Er steht über allem: Er selbst schafft beides, das Licht wie auch das Dunkel, ist Herr über Heil und Unheil (Jes 44,7-8). Der Glaubensstandhaftigkeit des jüdischen Volkes, das sich ja nie mit anderen Völkern vermischt hat, verdanken wir den Monotheismus.

Gott sagt von Sich Selbst: „Ich bin der ich bin". Wie ist es möglich, dass auch ich mich als „Ich" erlebe? Auch mein Herz und meine Organe, sollten sie ein Bewusstsein ihrer selbst haben, könnten sich nicht anders als „Ich" nennen. Hierin waltet eine unbeschreibbare Einheit, ein überwältigendes Eins-Sein. Ist es Zufall, dass das englische Wort für Ich, nämlich „I", groß geschrieben wird, so wie eine römische Eins? Man kann die Eins mit sich selbst malnehmen und potenzieren, so oft man will – es bleibt bei Eins.

Unser Durchdrungensein von Gott ist etwas so Großes, dass wir es nie zu Ende denken können. Aber wir können uns darin üben, Gott in jedem Mitmenschen zu entdecken – auch in denen, deren Tun wir verurteilen.

Gottes Nähe als Beziehung

Immer wieder spricht die Bibel vom lebendigen Gott: im Alten Testament bereits im Buch Josua, später bei den Propheten und – als persönliche Anrede – in den Psalmen. Dies setzt sich in den Evangelien fort. Wie selbstverständlich uns Gott sein sollte als „der Lebendige“, erlebte ich in Taizé, als ich *Frère Roger* Dank sagen wollte für die Wegweisung, die er und seine Brüder auch unseren Kindern mitgegeben haben. Er wehrte mit einem mir unvergesslichen Lächeln ab, zeigte zum Himmel und sagte leise: „Le Dieu Vivant …“ Wir sollen uns kein Bild von Gott machen: aber Lebendigkeit ist kein Bild, sondern Erfahrbarkeit: Dynamik, die sich mitteilt.

Für die Brüder von Taizé liegt der Schlüssel zur Nähe Gottes in Christus. In Frère Rogers Brief zur Eröffnung des Konzils der Jugend 1974 – sozusagen seinem Manifest des Glaubens – finden wir dieses Bekenntnis: „Gott ist zu blendend, als dass man Ihn schauen könnte. Das Auge erblindet vor Seinem Glanz. Christus fängt dieses verzehrende Feuer in Sich auf und lässt Gott in einer für uns fassbaren Weise durch Sich hindurchscheinen. Ob wir von Christus wissen oder nicht, Er ist da, bei jedem von uns. Er hat sich so unlösbar mit dem Menschen verbunden, dass Er in ihm wohnt, selbst wenn dieser es nicht weiß. Er ist da wie insgeheim, wie eine brennende Wunde im Herzen, wie Licht in der Finsternis. Aber Christus ist auch ein anderer als du selber. Er, der Lebendige, geht vor dir, jenseits von dir.“

Solches Erleben richtet sich auf die persönliche Beziehung, die zwischen dem Menschen und dem ihm innewohnenden Gott gestiftet ist: eine *Liebesbeziehung*. Denn Frère Roger fährt fort: „Dies ist Sein Geheimnis: Er hat dich zuerst geliebt.“ So steht es auch im 1. Johannesbrief (1 Joh 4, 19): „Lasst uns Ihn lieben, denn Er hat uns zuerst geliebt." Wahrlich der Kernsatz des christlichen Glaubens! Eine existenzielle Aussage, unabdingbar verknüpft mit unserem menschlichen Selbstverständnis und unserer Menschenwürde. Wenn wir uns auf diese Beziehung einlassen, schenkt sie nicht nur Nähe, sondern auch – so Frère Roger – beglückende Intimität: „Dieu est tendresse" – Gott ist Zartheit, Güte, ja Zärtlichkeit.

Haben wir schon einmal darüber nachgedacht, auf welche Weise wir unsere Muttersprache erlernen? Durch die Nähe und die Ansprache unserer Mutter! Sie hat uns zuerst geliebt. Ebenso werden wir auch Gottes Stimme verstehen lernen, je mehr wir uns auf Seine Liebe einstellen.

Aufgrund dieser Liebeszusage an den Menschen bezeichnet *Eugen Biser* das Christentum als eine therapeutische, eine heilende Religion. Denn es baut den Menschen auf, es gibt ihm eine Anbindung. Hierdurch – so Biser – unterscheidet sich das Christentum von anderen Religionen und Weisheitslehren: Es hat Moral, aber es ist keine Moral.

Viele Menschen können es sich nicht vorstellen, von Gott geliebt zu sein. Laut einer von dem Psychiater *John Diamond* durchgeführten Arm-Muskel-Testung (Kinesiologie) reagierten über 90 % seiner US-amerikanischen Patienten auf die Frage: „Glaubst du, dass Gott dich liebt?" mit Nein. Dieses Nicht-glauben-Können ändert jedoch nichts an Gottes „Zuerst-Liebe". Denn es besteht – so *Sören Kierkegaard* – auf Seiner Seite eine tiefe Sehnsucht nach der Liebesantwort des Menschen, geradezu ein Werben. Er mutet uns allerdings Zeiten des Glücks wie auch des Leids zu, auf dass wir uns stets neu auf Ihn besinnen. Geduldig sucht Gott uns dort, wo wir uns selbst verloren haben.

Das Himmelreich – auf Erden

Das Himmelreich – genauer: das Reich Gottes, das auf Erden Platz greift – ist ebenfalls Inbegriff von Unmittelbarkeit und Nähe. Denn Christus sagte: „Das Reich Gottes ist weder hier noch dort, sondern es ist inwendig in euch." Es ist kein äußerliches Gebilde; es hat keinen abgesteckten Geltungsbereich irgendwelcher Ordnungen und Gesetze. Vielmehr ist es so etwas wie eine „Staatsbürgerschaft". Diese wird uns niemals aberkannt, noch lässt sie sich verwirken – aber sie lässt sich *verwirklichen*. Denn sie schenkt Lebensqualität: das Gewiss-Sein einer Zugehörigkeit.

Das Himmelreich-auf-Erden ist „nahe", versprach Jesus: Es ist näher als nur „in Sicht". Es kommt allerdings nicht kollektiv auf die gesamte Menschheit zu und ist dann eines Tages angebrochen. Vielmehr naht es sich dem Einzelnen – jedem von uns zu seiner eigenen Zeit. Dies hängt davon ab, wie ernsthaft wir uns dem Reich Gottes nähern. Genau genommen ist es schon jetzt realisiert bei den Menschen, die so leben als-ob: die sich so verhalten in ihrem Denken, Tun und Lassen, als ob es schon am Wirken sei, mitten unter uns, inwendig atmend in uns.

Sich im Als-Ob zu üben, ist Leben in der *Vorwegnahme* – ist das Aufgreifen bzw. Umsetzen des Möglichen, Eventuellen. Wir praktizieren das allzu oft in unseren Ängsten, indem wir uns völlig vereinnahmen lassen von schlimmen Erwartungen, die möglicherweise aus der Luft gegriffen sind, und zerstören damit unsere Lebensqualität. Ein Beispiel ist die Furcht vor einer bestimmten Krankheit. Der Mensch ist offensichtlich Inhaber starker kreativer Kräfte: Je intensiver er sich etwas ein-bildet, desto greifbarer wird es real aus-gebildet.

Ebenso schöpferisch und verwirklichend ist daher auch das konstruktive Hoffen – positives Denken und Wünschen. Hoffen ist kein Zweck-Optimismus, denn es schaut auf ein Ziel. Im *Talmud* ist überliefert, dass die im Himmel ankommende Seele von Gott gar nicht nach ihrem Sündenregister befragt wird, sondern ob sie auf Erden genügend gehofft habe. Auf Hoffnung sollen wir bauen! Stein für Stein. Das gilt selbstverständlich auch für das Himmelreich: Nicht darauf warten, dass die Anderen den Anfang machen; sondern sich hoffend und sehnend darauf einrichten und es selber Schritt für Schritt realisieren, so gut man kann und weiß.

Was ist der Unterschied zwischen Hoffen und Glauben? Glaube ist die spirituelle Seite der Hoffnung. Von *Heinrich Bezzel* stammt der Ausspruch: „Glaube ist der Entschluss, die Abhängigkeit von Gott als Glück zu empfinden." Und bei *Luther* lesen wir: „Glaube ist eine lebendige, verwegene Zuversicht auf Gottes Gnade. Und solche Zuversicht und Erkenntnis göttlicher Gnade macht fröhlich, trotzig und lustig gegen Gott und alle Kreaturen." Die Buchstaben G-N-A-D-E kann man übrigens als Kürzel nehmen für „Gottes Nähe auf der Erde."

Bei Goldsmith habe ich einen umwerfenden Satz gefunden: „Der Weisheit Anfang ist die Erkenntnis, dass das Reich Gottes in mir ist und dass es *von mir ausströmen soll*". Und zwar: „Das, was ausströmt, kommt nie von uns selbst: Es kommt vom Vater und strömt durch uns hindurch; und je größer die Anforderungen sind, die an Ihn gestellt werden, um so stärker fließt der Strom … Man lebt sein Leben als Werkzeug."

Gott will Sein Leben im Menschen in Erscheinung bringen. Das bedeutet, dass der Mensch seinerseits „Christus für den Anderen leben" soll und kann – nach dem bereits zitierten Motto von Taizé. An uns selbst liegt es, ob wir „mitmachen".

Gott hat Arbeit für uns, für jeden Einzelnen. Und wir sind unkündbar! Wir brauchen uns nur als Freiwillige zu melden. Hierzu ein Erlebnis, das mich geprägt hat: Bei einem meiner Besuche in Taizé hatte ich bei der Verteilung der Pflichten nicht dabei sein können. Ich meldete mich also nachträglich, um mir eine Aufgabe zuteilen zu lassen. „Ah, vous êtes disponible?" fragte der diensthabende Bruder. „Oui, je suis disponible" – Ja, ich stehe zur Verfügung! Diese meine Zusage klingt noch immer in mir nach. Seitdem trachte ich danach, mich *verfügbar* zu halten.

Es steht uns Menschen frei, ob wir dem Ruf des Himmels Folge leisten. Kappen wir die Verbindung, so bleiben wir im Irdisch-Weltlichen verhaftet. Das fühlt sich dann so an, als gebe es von Gott keine Spur. Jesus hat es oft ausgesprochen, dass die „Welt" Seinen Vater „nicht kenne". *Luther* hätte hier durchaus übersetzen können: Die Welt „ignoriert" Ihn und weist damit Gottes Angebot der lebendigen Beziehung zurück.

Das In-der-Welt-Sein, ohne „von der Welt" zu sein, gibt uns eine Art innerer Immunität – sofern wir uns auf unsere Zugehörigkeit zum „Reich" besinnen. Wir sind sozusagen Inhaber von einem „Goldenen Pass": Dieses Privilegs sollten wir uns immer würdig erweisen.

Ein Gleichnis: Das Himmelreich gleicht einer großen Symphonie von rauschenden Klängen. Der Meister selbst hat sie komponiert, Er führt sie auch selber auf und steht selbst am Dirigentenpult. Das Orchester sind wir: Wir alle dürfen mitspielen. Hierzu brauchen wir keine großen Solisten zu sein, denn nur Wenigen ist ein wahrhaft schwerer Part auferlegt. Auch ich habe keine besondere Begabung. Was ist das Besondere an mir, wenn die Symphonie erklingt? Wenn *mein* Einsatz kommt, dann gelten der Blick und der Wink des Dirigenten einzig mir.

Unser Nächster und die Zehn Gebote

Ziel und Merkmal des nahen Himmelreichs ist es, dass wir Menschen – als seine Teilhaber – näher zusammenrücken. Nicht umsonst heißt der Mitmensch laut Bibel der „Nächste". Er ist mehr als ein bloßer Nachbar, mit dem man Zaun an Zaun wohnt. Denn das Reich Gottes ist ein dynamisches Gefüge, es ist fließend, ereignishaft. So wird sich von Situation zu Situation stets neu ergeben, wer jeweils mein Nächster ist. Er kann vor mir stehen; aber er kann auch der „ferne" Nächste sein – überall in den Notgebieten der Welt.

Weit mehr geht es jedoch darum, wem *ich* aktuell zum Nächsten werde. Das Gleichnis vom Barmherzigen Samariter macht dies deutlich: Welcher – so fragt Jesus – war es, der sich dem Wanderer als dessen Nächster erwiesen hat? Es war derjenige, der nicht weggeschaut, sondern Hilfe geleistet hat. Hierauf also kommt es an: als der „Nächste" bereit zu stehen und das „Nächst-liegende" zu tun.

Die Brüder von Taizé nennen dies „sich stören lassen": aus der Stumpfheit des um sich selbst kreisenden Ich aufblicken, den Anderen wahrnehmen – und handeln. Das stellt keine überfordernden Ansprüche an uns, sondern ist als Ermutigung gemeint. Denn *Frère Roger* sagte: „Das Wenige, das ihr verstanden habt vom Evangelium, das tut: Tut es *jetzt*!" Keiner muss abwarten, bis er vollkommen ist; auch für Anfänger gibt es genügend Arbeit im Weinberg.

Ein solches Tatchristentum findet sich auch in der Lebensregel der *Quäker*: "See what is to be done, and do it" – Schau hin, was zu tun ist, und tu's! Nimm es selbst in die Hand! Rede dich nicht heraus: Hier sollte man, hier müsste man … sondern Ärmel hoch!

Ist solche Ruf-Bereitschaft eine Begabung? Gewiss… aber vor allem lässt sie sich als eine Be-rufung annehmen. Ich liebe so sehr die biblische Erzählung von der Berufung des Saul zum König der Israeliten (1 Sam 10). Sie lehrt, dass solche Erwählung zwei Schritte hat: zunächst die rituelle Weihe – die Salbung durch Elia; dann aber die innere Verwandlung, welcher Saul sich stellen muss. Elia sagt es ihm voraus: Du wirst einer Schar tanzender Propheten begegnen, deren Be-geisterung auf dich überspringen wird. „Der Geist des Herrn wird auf dich kommen, und du wirst ein anderer Mensch sein. Hinfort wirst du immer das tun, was dir unter die Hand kommt." Mit anderen Worten: das Nächstliegende.

Man staunt zuweilen, was Menschen, die stets „guten Willens" sind, alles bewältigen: allein schon, wie viele Erledigungen sie aus einem 24-Stunden-Tag herauszuholen vermögen. Nicht umsonst gibt es das Bonmot: Brauchst du einmal dringend Hilfe, dann rufe Einen, der alle Hände voll zu tun hat; der macht's dir sofort! Manche sind perfekt durchorganisiert und empfinden Arbeit gar nicht als Zumutung. Es gibt auch eine Reihe Geheimtipps wie: Wartezeiten für Routinearbeiten nutzen, Wege verbinden, vor allem aber: sich überwinden und dasjenige zuerst erledigen, was einem am schwersten oder am unangenehmsten ist. Das schenkt beflügelnde Erfolgserlebnisse und Freiräume!

Das meint nicht, dass wir pausenlos und überall aktiv sein müssen. Sollte Gott uns denn das irdische Leben mit all seinen Wonnen geschenkt haben, ohne dass wir es auch genießen? Die kleine Anna in dem Buch „Hallo, Mister Gott, hier spricht Anna" hat in ihrer kindlichen Weisheit etwas Großartiges in der Schöpfungsgeschichte entdeckt: Gott ruhte am Siebten Tag… nicht aus „Er-Schöpfung", sondern – weil Er an diesem besonderen Tag die Ruhe erfunden hat! Daher möchte ich das 3. Gebot gern ummünzen. Ich meine, es besagt folgendes: Mindestens ein Siebtel unserer Lebensspanne sollte dem Herrn gehören, bewusst oder unbewusst, tätig oder untätig. Zeitlebens aber sind wir in Sachen Gottes unterwegs. Bei alledem dürfen – ja sollen wir – jeden Tag, den der Herr schenkt, zu einem Fest machen.

An dieser Stelle möchte ich einen näheren Blick werfen auf den Codex der Zehn Gebote, die Moses laut Überlieferung auf dem Berg Sinai von Gott Selbst empfangen hat. Dieser sogenannte Dekalog regelt in knappen, präzisen Anweisungen den Umgang zwischen Gott und Mensch bzw. der Menschen untereinander. Der jüdischen Thora wurden noch viele eher weltliche Verhaltensregeln hinzugefügt. Die Zehn Gebote aber sind unübertroffen in ihrer Klarheit. Wir dürfen sie zu Recht als göttliche Inspiration preisen.

Allerdings sind die Zehn Gebote vorwiegend als Ver-bote niedergelegt, das heißt in Form der Verneinung „Du sollst nicht". Zwar begreift der Verstand solche Verneinungen, weil er abstrahieren kann. Unsere Seele aber, aus der die Gefühle und Affekte aufsteigen, lebt und erlebt in Bildern. Und vom Worte „Nicht" gibt es kein Bild – „Nicht" ist Vakuum. Ein einfacher Test belegt das, indem wir uns ganz fest vornehmen, uns „keinen" weißen Elefanten vorzustellen! Die Verneinung wird einfach weggefiltert, ausgefällt; und was auf dem inneren Bildschirm übrig bleibt, ist das „Du … sollst!" Fazit: wenn wir das bei Namen nennen, was wir anprangern wollen, so steht es der Seele erst recht vor Augen. Das gilt bis hin zur Person des Teufels. Je mehr wir uns mit ihm beschäftigen, desto plastischer wird er. Er verliert sein Gesicht erst dann, wenn es uns gelingt, ihn total zu ignorieren.

Und dennoch neigen wir dazu, uns laufend der Verneinung zu bedienen, speziell wenn wir einer Aussage besonderen Nachdruck verleihen wollen. Eine Rede von nur zehn Sätzen unter Verzicht auf „Nicht–Nichts–Nie–Kein–Ohne" bzw. die Vorsilbe „Un-" ist uns kaum möglich. Man könnte hier von einem verhängnisvollen Merkmal unserer Zivilisation sprechen. Ich erachte es daher den Versuch wert, die Zehn Gebote ins Positiv zu übertragen. Bei Vermeidung des strengen „Nicht" entfällt zwar die Prägnanz. Die Umkehrung ergänzt, passend für unsere Zeit, was Gott uns durch Mose sagen wollte:

1) ICH bin Gott der Herr – lebe du einzig im Blick auf Mich.
2) ICH bin der ICH BIN – sei achtsam, wie du meinen Namen gebrauchst in deinem Bitten und Handeln.
3) Halte regelmäßig inne – und werde Meiner Nähe inne.
4) Mache deinem Ursprung Ehre – und erweise dich würdig deiner Berufung.
5) Begreife alles Leben als heilig – und das eigene Leben als kostbar.
6) Pflege den Frieden in deinen Beziehungen – und bleibe verantwortlich und getreu.
7) Teile deinen Wohlstand – und bringe dich ein für das Wohl aller.
8) Sei aufrichtig und wahrhaftig gegenüber aller Welt – und ehrlich zu dir selbst.
9) Gönne jedem, was Ich schenke – und lass du dir genügen an Meiner Gnade.
10) Trachte zuerst nach Meinem Reich – dann wird dir alles andere zufallen.

Als die jüdischen Gesetzeslehrer Jesus auf die Probe stellen wollten, welches Gebot im Gesetz das vornehmste sei, verwies Er auf die Liebe zu Gott und zum Nächsten: „An diesen beiden Geboten" – die übrigens im Positiv gefasst sind – „hängt das ganze Gesetz und die Propheten" (Mt 22, 35).

Liebe und Partnerschaft

Liebe ist das Thema aller großen Religionen: Sie wird gelehrt in allen ihren Formen als die wahre, ideale Lebensweise. Aber nur diejenigen Religionen, die einen persönlichen Gott verehren, bekennen sich zu einer Liebe auf Seiten Gottes – zu Seiner Schöpfung und vor allem zu Seinen Menschen.

„Gott, von dem es fast scheint, Er habe sich aus der Welt entfernt, hat sich" – so *Christoph Quarch* – „zurückgezogen in das Du. Von dort aus lenkt Er unsere Aufmerksamkeit auf Sich … Gott spricht zu uns durch den Anderen."

Man könnte viele Seiten füllen, um die Liebe in all ihren Facetten zu beschreiben. Auf jeden Fall geht es immer um *Annäherung*. Es geht um die Erfüllung im harmonischen Finden und Gefunden-Werden. Man weiß heute, dass der Mensch gar nicht ausschließlich auf Überlebenskampf und das Recht des Stärkeren programmiert ist, sondern dass in seinen Genen auch das Bedürfnis nach sozialer Einbindung verankert ist. Somit ist ihm in seiner Natur auch Offenheit gegeben, ein Interesse und Zugehen auf alles, was außerhalb seiner selbst existiert – als besondere menschliche Bewusstseinsqualität.

Liebe will das geliebte Wesen an sich ziehen, mit ihm vereint sein, und daraus soll eine Symbiose entstehen oder gar neues Leben. Der Traum wäre der, dass die Verbindung für immer Bestand haben möge. Das hängt auf Dauer auch davon ab, wie viel Freiraum die Liebenden einander zugestehen. „Die schönste Liane" – so ein Zitat von *Phil Bosman* – „kann den stärksten Baum umbringen, sie braucht ihn nur jahrelang unablässig zu umarmen". Liebe soll sich zart anfühlen: verlässlich – sich zugleich verströmend wie auch sich zurücknehmend. Umklammerung des Anderen aber ist

Selbstsucht. Die Mutterliebe – diese geradezu instinktgesicherte Form der Liebe – ist hier auf die ärgste Probe gestellt, denn eines Tages muss sie los-lassen. Und dies aus Liebe. Ihr Kind wird verkümmern, wenn sie es nicht in das Leben ent-lässt.

Jede Beziehung ist ein Wagnis. Man liefert sich aus. Aber man ist nicht mehr allein. Wenn ich befragt werde nach meiner Ehe, so antworte ich gern: Ich stehe jederzeit hinter meinem Mann – und er stellt sich jederzeit vor mich.

Was in Partnerschaft und Ehe verwirklicht werden soll, ist nicht das Ich der beiden Einzelpersonen, sondern ihr Zusammengehen – die Beziehung als solche. Dieses zwischen Beiden geknüpfte Band ist das hohe Gut, das es zu schützen gilt. Beziehung veredelt uns, denn sie macht uns zum Kleinen Prinzen und das geliebte Wesen zur Rose. Aber Beziehung bedeutet ebenso Bindung, denn wir bleiben allzeit für unsere Rose verantwortlich. Das gilt auch für die unsteten, flüchtigen Verbindungen in unserer Zeit. Es gibt bei der Liebe zwei Aspekte, die geradezu polar erscheinen: Euphorie und Treue. Die anfängliche Verliebtheit in die Person des Anderen verdichtet sich allmählich in gegenseitiges Zugehören und Heimat-Geben: Faszination ist in beidem – und Zärtlichkeit auch.

Es gibt Paare, die sich liebend gerne streiten, bis die Fetzen fliegen. Wenn es „liebend gern" geschieht, dann ist es in Ordnung! Solches Rangeln hat etwas von einem Spiel, wenn beide es gar nicht erwarten können, wieder eins zu sein. Eine wertvolle Geste der Versöhnung kann es sein, sich gegenseitig mit dem Finger ein Kreuz in die Hand zu zeichnen, wie wir es von *Frère Roger* gelernt haben.

Gegensätze ziehen sich an: So finden sich oft eine eher lebhafte und eine ruhigere Person zur Partnerschaft zusammen.

Laut *C. G. Jung* verarbeiten Extravertierte und Introvertierte ihre Eindrücke auf unterschiedliche Weise: der Extravertierte, indem er sich spontan mitteilen und das Erlebte mit Anderen teilen muss; der Introvertierte, indem er die Vielfalt der Eindrücke innerlich ordnen, d.h. sich schweigend zu eigen machen muss. Dies sollten sich Partner gegenseitig gönnen. Laut Jung wird spätestens in der Lebensmitte ein „turn" fällig, ein harmonischer Ausgleich der beiden Antagonismen. Hilfreich ist es zu wissen, dass der Extravertierte Kritik eher abweist, während der Introvertierte eher die Schuld bei sich sucht, auch wenn es nicht zutrifft.

Partner sollten sich gegenseitig zum Leuchten bringen! Das bedeutet: Stolz sein aufeinander; immer wieder Neues, Bewundernswertes aneinander entdecken; sich an den Erfolgen des Anderen mitfreuen – des Anderen „Fan" sein. Und noch ein weiteres ist zu beherzigen: Man darf den anderen immer nur so weit einbinden, wie man bereit ist, sich selbst einbinden zu lassen – sonst gerät die Partnerschaft aus dem Lot.

Liebe deinen Nächsten wie dich selbst: Dieses Gebot Gottes, das schon Moses empfangen hat, setzt einen Maßstab der Gleichwertigkeit von Du und Ich. Wenn beide Teile dies achtsam und flexibel in Gegenseitigkeit praktizieren, kommt keiner zu kurz. *Paulus* fügt noch eine bedeutsame Qualität hinzu (Phil 2,3): „In Demut erachte jeder den Anderen höher als sich selbst." Diese Lebensregel sollte man allen Paaren mit auf den Weg geben.

Zur Demut: Wer von Haus aus demütig ist, den kann man eigentlich gar nicht demütigen. Ihm fehlt quasi die Wahrnehmung für den kränkenden Beigeschmack mancher Handlungen und Äußerungen. Ich bin mit dem mir hilfreichen Motto erzogen worden: Beleidigt-Sein gilt nicht. Denn wer sich beleidigt gibt, verweigert Nähe – eine Form der Machtausübung. Nur der Stolze muss ständig sein Ansehen verteidigen. Die Größe eines Menschen erkennt man daran, wie tief er sich neigen kann.

Diese Weisheit bestätigte sich mir bei einer alltäglichen Begebenheit. Ich ging mit meiner achtjährigen Tochter in die Musikschule, um für sie nach Flöten-Unterricht zu fragen. Sofort bückte sich der baumlange Musiklehrer zur Tochter hinab, um auf Augenhöhe mit ihr selbst zu reden. Seitdem beuge ich mich auch jedesmal hinunter, so oft ich einem Kind zum ersten Mal begegne. Ich nenne auch zuerst meinen eigenen Vornamen, bevor ich es nach dem seinen frage.

Gegenseitige Achtung äußert sich in Toleranz und der Wertschätzung der Lebensleistung des Anderen. Der schönste – und auch wichtigste – Ausdruck der Wertschätzung ist das Danken. Es ehrt den Geber wie auch das Gegebene und ist daher erst in zweiter Linie eine Frage der Höflichkeit. Das betrifft jede Art menschlicher Beziehung. Ja, seien wir großzügig mit unserem Danksagen! Der bayerische Volksglaube sagt: Das einzig Wertvolle, das wir in unserem Leben erwerben, sind die uns gespendeten „Vergelt's Gott"! Wir finden sie einst als Gutschrift im Himmel vor. Ansonsten gibt es nix, was wir mitnehmen können.

Auch Gott gegenüber gibt es immer etwas, wofür wir danken können, selbst in Zeiten des Unglücks und der Trauer. Die englischen Heiler empfahlen ihren Patienten eine allabendliche Übung der Besinnung: „Count your blessings" – zähle dir all das Gute auf, was dir heute zuteil geworden ist. Aber auch über das Gegenteil können wir uns zuweilen Rechenschaft ablegen, nämlich über die Gewissensfrage, die ich auf einer Postkarte fand: Wenn Sie angeklagt wären, ein Christ zu sein – gäbe es hierfür genügend Beweise?

Bewusste Dankbarkeit scheint unter den Wohlhabenden unserer Gesellschaft verlorengegangen zu sein. Von meiner

Großmutter habe ich übernommen: „Brot ist heilig!“ Sie versah jeden Laib mit dem Kreuzzeichen, ehe sie ihn anschnitt. Wie viel noch gut verwendbare Nahrung landet in unseren Mülltonnen! Wie viel Wasser vergeuden wir achtlos, während es Millionen Menschen weltweit an Trinkwasser mangelt! Wenn wir bewusster mit unserem Überfluss umgingen und mehr Solidarität und Empathie für die Notleidenden entwickelten, könnte sich Vieles bessern auf unserem Planeten.

In der Liebe wie in der Partnerschaft gilt dasselbe wie unter den Völkern: Um Mitgefühl und Frieden müssen wir uns ernsthaft und engagiert bemühen. Gerade im privaten Bereich sollten wir so-als-ob leben. Versöhnungsbereitschaft im Kleinen bereitet den Boden für den Frieden als allgemein verbindliche Lebensform.

Bitte nicht an sich selbst verzweifeln, wenn es wieder einmal missglückt und man in die Streitfalle getappt ist! Wichtig im menschlichen Miteinander ist gewisslich unsere Selbsterforschung: uns Klarheit zu verschaffen über unsere spezifische persönliche Verletzlichkeit. Denn sie ist es, die uns hilflos macht, sobald unser Gegenüber in eben diese Kerbe schlägt. Er kann sie vermutlich gar nicht nachempfinden, denn er leidet an seinen eigenen Traumen. Solche Verwundbarkeiten, die wir tunlichst verbergen – vor den Anderen wie vor uns selbst – mögen herrühren von früheren Erlebnissen, oft auch von einem Gefühl der Unsicherheit, einem angenagten Selbstwert. Eine solche Verfassung kann geradezu körperlich schmerzen wie eine ins Fleisch verhakte Harpune, an der niemand rütteln darf.

Oft liegt eine Verstimmung lediglich daran, dass der Eine geheime Erwartungen in den Anderen setzt – aber dieser ahnt nichts davon. Wo er es doch dem Partner hätte von den Augen ablesen sollen! Hier sollte das Paar, statt enttäuschtem Sich-Anschweigen, Mut zum Dialog aufbringen. Ich kenne etliche Paare, die sich in regelmäßigem Turnus – einmal im Monat oder auch öfter – einen „Ehe-Abend" reservieren, um einander zuzuhören und sich gegenseitig zu fragen: Wie geht es dir heute im Blick auf das Vorgefallene wie auch auf das, was für uns beide aktuell ansteht?

Einfach zuzuhören und den Anderen ausreden zu lassen, ist nicht leicht. Wie oft ertappe ich mich dabei, mein Gegenüber sogleich zu unterbrechen, um meinen Kommentar, meine eigenen Ideen loszuwerden! Damit ist die Chance vertan, dass der Andere sich mir bis in seine Tiefe öffnen konnte.

Der erwähnte, uns befreundete Psychiater *John Diamond* fragte uns bei einem Besuch, ob wir mit einem Partnerschaftstest einverstanden wären. Die Frage lautete: Was stört dich an deinem Partner am meisten? Durch die Arm-Muskel-Testung bestätigte sich bei uns beiden, dass wir hochsensibel waren gegen jedwede Bevormundung. Zweite Frage: Stößt dir das am meisten beim Partner auf oder hat es tiefere Wurzeln? Der Test ergab für uns beide: Die Wurzel unserer Verletzlichkeit liegt bei den Eltern! Nach der Erfahrung von Diamond ist es bei 80 % der Klienten die Mutter, die ein bestimmtes Abwehrmuster begründet hat, und bei 20 % der Vater. Vom Partner jedoch wollen wir als „erwachsen" wahrgenommen werden. Diamonds Rat: Man stelle sich das Foto von Mutter bzw. Vater auf, an gut sichtbarer Stelle, und mache beim Vorbeigehen unter Augenzwinkern eine Geste: „Mit mir nicht!" Die Methode hat bei uns Wunder gewirkt. Ich habe mir allerdings ein gemeinsames Bild beider Eltern hingestellt und war doch recht erschüttert, dass ich meinem gestrengen Vater ohne Schwierigkeiten zulächeln konnte, während ich es bei der Mutter bewusst üben musste.

Diese Partnerschaftstestung hat mich veranlasst, gründlich über die Beziehung zu meinen Eltern nachzudenken. Mein

Vater war ein rationaler Wissenschaftler, geradlinig in seinen Prinzipien, gemischt mit einem erfrischenden Quäntchen Berliner Humor. Auf seine Autorität konnte man sich verlassen – und es gab auch Momente von überraschender Güte. Bei meiner Mutter aber war ich mir nie sicher, ob sie mich verstand. Ich weiß heute, dass dieses Gefühl aus meiner Pubertätskrise herrührt und von mir unnötig lange „weitergehegt" wurde. Ich frage mich manchmal, ob nicht die Beziehung zum eigenen Vater bzw. zur Mutter der Schlüssel dazu ist, ob der Einzelne sich das Bild eines Vater-Gottes oder einer Mutter-Gottheit macht?

An der Schwelle zum Erwachsensein erleben wir alle eine Zäsur in der Beziehung zu unseren Eltern: eine Enttäuschung, die sich für uns geradezu wie ein Verrat oder ein Verstoßen-Werden anfühlt und uns zuweilen über Jahre auf inneren Abstand rücken lässt. Ohne diesen Bruch, diesen „Kick" vom Nest-Rand würden wir aber niemals flügge werden. Von außen gesehen mag eine Bagatelle vorgefallen sein, trotzdem können wir sie lange nicht verzeihen. Doch ist sie unabdingbar für unsere Abnabelung. In der Versöhnungsarbeit mittels systemischer Familien-Aufstellung werden die Klienten daran erinnert, dass sie ihren Eltern ja das Kostbarste verdanken, was sie besitzen – das Leben.

Meist kommen wir mit unserer spezifischen Verletzlichkeit in der Partnerschaft einigermaßen zurecht; erst eine hinzukommende Lebenskrise löst die Zerreißprobe aus. Diese kann mit der Midlife-Crisis zusammenhängen oder mit den Wechseljahren der Frau, die einen immensen seelischen Balance-Akt bedeuten (es gibt übrigens auch ein Klimakterium virile!); oder aber es hat eine außergewöhnliche psychische Belastung gegeben durch Jobverlust, Todesfall oder dergleichen. Hier gilt nichts anderes als auch bei der Pubertätskrise unserer Kinder: behutsam und geduldig Beistand leisten, im Gespräch bleiben, Nähe und Distanz neu definieren. Denn sollte es zur endgültigen Trennung der Partner kommen, so bedeutet das für alle Beteiligten – speziell für die Kinder – den Verlust ihres Zuhauses samt dessen Geborgenheit.

„Es gibt keine größere Liebe als die, dass einer sein Leben hingibt für seine Freunde“ (Joh 15,13). Welch ungeheure Forderung! *Pater Maximilian Kolbe* hat dies vermocht: Beim Strafappell der KZ-Gefangenen, als nach dem Fluchtversuch eines Mithäftlings zur Abschreckung jeder Zehnte zum Verrecken in den Hungerbunker abgeführt wurde, sprang er vor und sprach: „Ich will sterben“. Stellvertretend gab er sein Leben hin für den neben ihm stehenden Familienvater, der „dran“ gewesen wäre.

„Sich-Hingeben für seine Freunde …“, wie von Luther übersetzt, meint keine bloßen Kumpel. Dies offenbart sich in den Urtexten: Beides – griechisch „philos“ wie auch lateinisch „amicus“ (vgl. „amor“!) – leitet sich von „Lieben“ ab. Ausdrücklich meint Jesus also unsere „Geliebten“ – die Menschen, die wir im Herzen tragen und die uns teuer sind. Und was bedeutet „sein Leben hingeben für …“ bzw. „opfern für …“, wie es auf deutsch lautet? Es will sagen: *sich verschenken an …* Viele Sprachen haben ja nur dasselbe Wort für „geben“ und „schenken“ (z.B. frz. „donner“, engl. „give"). Unser Leben an unsere Geliebten zu verschwenden, das kann fürwahr auf ein Opfer hinauslaufen. Die Weite unserer Freundes-Liebe offenbart sich „in der Tat“ darin, welche Opfer wir zu bringen bereit sind.

Jesus verlangt also nicht, dass wir uns von unseren Feinden vernichten lassen. Er ruft uns vielmehr dazu auf, dass wir uns trotz allem die Liebe nicht zerstören lassen. Ich erschrecke jedes Mal, wenn ein Enttäuschter sich von jemandem lossagt mit den Worten: „Der/die ist für mich gestorben!“ Jesus hat gelehrt, dass bereits das „Wegwünschen“ eines

Menschen unter das 5. Gebot fällt (Mt 5,21-22). Tat und Täter dürfen wir nicht verwechseln. Unser Gegenspieler handelt ja aus seiner Lebenssituation heraus und wir aus der unsrigen; es sind unser beider Terrain-Ansprüche, die hier kollidieren. Feindesliebe ist die einzige Liebe, die besser auf Abstand gelingt. Entschärfe die Reibungspunkte, vor allem aber halte dein Herz offen und segne.

Täter und Tat sollen wir nicht verwechseln … Das gilt auch gegenüber den großen Machthabern in dieser Welt, die sich wie selbsternannte Götter zu Drahtziehern der Geschichte machen. Wie sollen sie zur Liebe finden, wenn ihnen allenthalben nur Hass und Angst entgegenweht?

Das Gebot „Widerstehe nicht dem Übel" ist letztlich eine Warnung: Lass dich, wenn du mit dem „Bösen" in Berührung kommst, nicht von dessen Niveau einfangen! Es färbt ab! Es ist wie in der Musik – dem Mitschwingen der harmonischen bzw. disharmonischen Frequenzen. Die Resonanz unserer Seele hängt davon ab, auf welcher „Wellenlänge" wir sie gestimmt halten.

Liebe ist und bleibt eine dem Menschen mitgegebene Fähigkeit, auch wenn sie bei dem Einen oder Anderen verschüttet ist. Sie macht offen, erwartungsvoll; sie sieht den Nächsten und sucht seinen Blick. Und sei es „nur" der Mitreisende, dem wir zunicken, wenn wir zusteigen. Das Lächeln des Menschen, so heißt es, hat von der Körpersprache her dieselbe Aussage wie das Schwanzwedeln des Hundes: Fürchte dich nicht vor mir, ich tu dir nichts. Die Wahrnehmung für den anwesenden „Nächsten" wird man allerdings den jungen Leuten, deren ganze Präsenz dem Handy gilt, wieder nahebringen müssen.

Und wie steht es um unsere Liebe zum eigenen Körper? Würdigen wir ihn genügend in seiner unauffälligen Weise, wie er Tag für Tag alle lebenserhaltenden Funktionen erfüllt? Warum missfällt uns unser Aussehen? Es ist förderlich, unserem Spiegelbild stets ein anerkennendes Lächeln zu gönnen! Ist ein Organ krank oder verletzt, so sollten wir ihm Mitgefühl und Mut zusprechen. Oft findet sich über die Symbolik der Symptome – Last auf dem Buckel, unbeugsames Knie – ein Hinweis darauf, was uns in Wahrheit „gekränkt" hat und seelischer Heilung bedarf.

Unser Einsatz der Nächstenliebe kann uns durchaus an unsere Grenzen führen, speziell im sozialen Engagement. Einerseits sollen wir mit unseren Kräften haushalten, andererseits neigen wir oft genug zu selbstgemachtem Stress. Nichts lässt sich erzwingen; und ebenso wenig lässt sich ein Problem, wenn wir nicht mehr weiter wissen, einfach loslassen. Doch wir haben jemanden, dem wir die Sache überlassen können. In Taizé habe ich das Gebet kennengelernt: Herr, mache Du alles zu *Deiner Sache*. Gott hat mir in meinem Leben so manche Aufgabe gestellt, bei der ich am Ende klein beigeben und Seine Hilfe suchen musste. Dann durfte ich erleben, dass inmitten meiner Schwachheit Gottes Kraft mächtig war.

Solches gilt mit Sicherheit auch für die aktuelle Flüchtlingskrise, bei der wir uns heute an der Grenze unsrer humanitären Leistungskapazität erleben. Diese ethische Herausforderung schaffen wir nur, wenn wir sie – trotz unsrer Ängste – mit Gottes Hilfe schaffen wollen.

Vielleicht sollten wir gar nicht von einem Liebes„gebot" sprechen, sondern von einem Angebot an unser Leben. Denn wenn wir näher in Christi Worte (Joh 15,10-11) hineinhorchen, lautet Seine Verheißung: Je mehr ihr Meinem Liebesauftrag lebt, desto mehr wird auch Meine Liebe eure tragende Kraft – gleichwie Ich die Liebe meines Vaters in die Welt trage und von ihr getragen bin. Und dies sage

Ich euch zu: Meine Freudigkeit in Gott – die vollkommene Freude – wird in euch einziehen.

Christus meint nicht nur die Liebesbeweise gegenüber denjenigen, die uns gerade als „Nächster“ gegenüberstehen, sondern die Liebe aller zu allen: die „Atmosphäre“ vom *Einander-Lieben*, das die gesamte Jüngerschar motivierte und einst die ganze Menschheit ergreifen möge. Liebet einander „so wie“ Er uns geliebt hat, bedeutet dreierlei: im selben Maße, gemäß Seinem Vorbild, und vor allem als Antwort auf Seine Liebe.

Wir dürfen den drei-einen Gott anbeten als Vater, Geist und Sohn. Möchten wir von Gott beschützt und an die Hand genommen sein wie ein Kind, so suchen wir den liebenden Elternteil; möchten wir glauben können, dass Gott durch uns wirkt und unsere Inspirationen von Ihm kommen, so öffnen wir uns dem Heiligen Geist; möchten wir in Christi Nachfolge unterwegs sein, so finden wir in Ihm den Bruder, den unverbrüchlichen Freund und Begleiter.

Wer aber darf der *Mensch vor Gott* sein? In der Sprache der Mystik ist des Menschen Seele erwählt zur Braut – zur Hingabe, zum Frucht-Tragen.

Frieden und Stimmigkeit

Kein Geringerer als *Mahatma Gandhi* hat gesagt: „Es gibt keinen Weg zum Frieden. Friede *ist* der Weg." Das bedeutet: Friede muss bei mir selbst anfangen. Ich muss diesen Weg zuerst beschreiten. Friede muss von mir ausgehen! Doch da sind ja – bei mir wie bei den anderen – so viele Bedrohungen, so viele Ängste, auch so viele unberechtigte Ansprüche! Nicht nur die Nationen übertrumpfen sich in immer raffinierterem Wettrüsten.

Frieden ist möglich! So der Titel seines Buches (1983), in dem *Franz Alt* uns für seine Vision begeistern will, dass wir Frieden auf Erden hätten, wenn Jesu Bergpredigt ernst genommen und in das menschliche Miteinander umgesetzt würde. Damit tritt Franz Alt der verbreiteten Ansicht entgegen, die Bergpredigt tauge nicht für die Praxis. Er wendet sich vor allem gegen die falsche Logik hinter der eskalierenden Aufrüstung: Je bedrohlicher zwei bis an die Zähne bewaffnete Blöcke sich gegenüberstehen, um so größer wird ja die Gefahr einer Kurzschlusshandlung; hat doch nur derjenige, der den Erstschlag lostritt, eine Überlebenschance.

Das Grundübel besteht in der menschlichen Gewaltbereitschaft. Ist unser Gegenüber nicht willig, so beugen wir seinen Willen durch Zwang: mit subtiler Nötigung, mit Erpressung bis hin zur Misshandlung. Die derzeit um sich greifende Gewalt darf uns nicht gleichgültig lassen; hat doch die Brutalität unter den Menschen erschreckend zugenommen. Das ist kein Wunder, wo uns doch das Fernsehen tagtäglich in stets neuen Bildern vorspielt, wie „normal" der Gebrauch von Waffe wie auch Faust sei zum Zweck der Konfliktlösung! Aus der Psychologie weiß man, dass Bilder weit mehr auf die Seele einwirken als das gesprochene Wort. Es gibt eine Filmzensur gegen „unsittliche Szenen"; aber wo bleibt die Ächtung von Gewalt und Gräueltaten auf unseren Bildschirmen? Dieses passive Zuschauen und Miterleben von Grausamkeit wird heute noch übertroffen von den Computer-Games, die wir so gedankenlos unseren Kindern gestatten. Es sind aktive Killer-Spiele, darauf angelegt, Freude und Erfolgsgefühle auszulösen, wenn man den Anderen abschießen kann.

Das größte Gewaltpotenzial jedoch erwächst aus der Unzufriedenheit der zahllosen sozial Benachteiligten aufgrund der ungerechten Güterverteilung. Über 80 % allen Kapitals liegt in den Händen einer kleinen Anzahl von Multi-Milliardären, die zudem noch sämtliche Nischen der Steuerersparnis auszuloten verstehen. Ginge es nach dem von *Plato* für die antiken Stadt-Staaten aufgestellten Ideal, so dürfte das Einkommen der Meistverdiener nicht höher ausfallen als das Neunfache (!) eines Mindestlohns. Die Gewissensfrage, ob wir mehr besitzen als wir benötigen, ergeht aber nicht nur an die Reichen, sondern an jeden von uns.

Gewalt erzeugt Gegengewalt. Auf der politischen Bühne ist ein Ende der Eskalation nicht abzusehen. Und dennoch dürfen wir den Glauben an die *Macht der Gewaltlosigkeit* nicht aufgeben! Haben wir es nicht vor 25 Jahren erlebt, als das Wunder des unblutigen Mauerfalls in Deutschland geschah: Es waren die brennenden Kerzen und der gewaltverzichtende Mut der Montags-Demonstranten, die die Volkspolizei entwaffnet haben, im wahrsten Sinne des Wortes.

In alten Zeiten kämpfte Mann gegen Mann mit dem Schwert in der Hand: Es wurde getötet in grauenvoller Handarbeit. Aber seit der Erfindung des Schießpulvers, der Gewehre und Kanonen gibt es das Töten aus der Ferne – flächendeckend beim Bombardement, durch Knopfdruck vom Bildschirm der Zentrale aus. Die Feigheit und Skrupellosigkeit wächst mit der Distanz der Kämpfer.

Der bestimmungsgemäße Gebrauch eines Autos ist nicht, dass es in der Garage steht, sondern es soll gefahren werden. Für die Waffen ist das noch krasser: Sie *wollen* geradezu in die Hand genommen werden, denn sie sind Verbrauchsgüter: Munition ist Einmalware, zu langes Lagern lässt auch die Geräte veralten – und außerdem will der Hersteller laufend neue Waffen verkaufen. Es ist mir bitter, dass mein Vaterland nicht nur Waffen produziert, sondern auch noch Geschäfte damit macht. Oft begegnet uns in Internet und Werbung das Kürzel „www". Man sollte es umwidmen in die Losung „World Without Weapons" – *Waffen Weg Weltweit*! Wenn wir diese neue Deutung in uns lebendig werden ließen, wäre das ein wirksamer Beitrag zum Friedensbewusstsein.

Unsere Nachbarn, die Schweizer, haben seit über 500 Jahren keinen Krieg mehr geführt. Sie beherzigen den Impuls ihres Friedensheiligen *Nikolaus von Flüe*. Er war Bauer und auch ein gesuchter Schlichter gewesen, bevor er 50jährig einem inneren Ruf folgte und Einsiedler wurde, betend und bis zu seinem Lebensende fastend; seine einzige Speise war das tägliche Sakrament. Als es 1481 zum fatalen Bürgerkrieg zwischen den ländlichen und den städtischen Kantonen kommen sollte, ist man als letzte Rettung zum Bruder Klaus gepilgert. Dank seiner Vermittlung fanden die Eidgenossen zu ihrer bis heute bestehenden Konföderation und darüber hinaus zu ihrer international respektierten Neutralität.

Die Klause des Heiligen ist zum Wallfahrtsort für viele Friedenssuchende geworden. Bei einem unserer Besuche wurde uns von einer Einheimischen etwas berichtet, was nur wenigen bekannt sein dürfte: 1955 hat der deutsche Nachkriegskanzler *Konrad Adenauer* in dieser Zelle die Nacht vor seinem Moskau-Flug verbracht. Er stand vor der schwierigen Mission, die Freigabe der noch in Russland festgehaltenen Kriegsgefangenen zu erwirken.

Stelle dir vor, es ist Krieg – und alle Kämpfer gehen nach Hause! Die *Quäker*, bei denen ich in England ein Jahr zur Schule ging, lehnen aus tiefer christlicher Überzeugung den Dienst mit der Waffe ab. Unsere älteren Lehrer hatten im 1. Weltkrieg im Gefängnis gesessen, weil sie die Wehrpflicht verweigerten; die jüngeren Lehrer waren im 2. Weltkrieg als Sanitäter im Einsatz gewesen. Und für meine Schulkameraden stand es fest, sich zum Zivildienst zu melden.

Warum tötet der Mensch? Hier eine nachdenkliche Geschichte über einen Missionar in Afrika: Er tadelt die Eingeborenen, dass sie selbst Menschenfleisch nicht verschmähten, das sei unchristlich und verwerflich. Darauf der Häuptling: Ich verstehe die Weißen nicht. Auf ihren Schlachtfeldern bleiben Hunderte von Toten liegen, das ist weit unmenschlicher und sinnloser. Der amerikanische Philosoph *Ken Wilber* ist der Frage des Tötens nachgegangen. Denn der Mensch mordet eben nicht aus Hunger. Er mordet – so Wilber –, um den eigenen Tod zu verdrängen. Er weiß um seine Sterblichkeit. Immer wieder muss er den Tod überlisten. Und das tut er, indem er den Gegner niederstreckt, um selbst der Überlebende zu bleiben.

In Wilbers Deutung liegt eine tiefe Wahrheit. Aber es existieren im Menschen ja noch jene Verhaltensformen fort, die wir mit den Tieren teilen: der Trieb, um jeden Preis zu überleben bei Bedrohung oder Lebensgefahr wie auch der Trieb, das eigene Terrain zu verteidigen, in welchem Sicherheit und Nahrung garantiert sind. In diesem Punkt übertrifft die Aggressivität von uns Menschen die der Tiere bei weitem, denn unser Bewusstsein vermag Bedrohungen zu „erfinden". Laufend verteidigen wir unsere Ich-Verwirklichung, unser Ansehen, unsere Einflusssphäre, unsere Weltanschauung. Wir möchten den Anderen am liebsten „weg" haben, zumindest „mundtot" machen. Wie viele politische oder auch religiöse Programme haben Millionen Menschen besessen gemacht; welche suggestiven Kräfte sind da am Werk, wenn ein heiliger Krieg ausgerufen wird! Was für ein fehlgeleiteter Heldenmut, welche Sinn-Verdrehung in den Soldatenliedern, welch ein Mordrausch im Schlachtengetümmel! Wie einfach ist es, junge Seelen für den Krieg zu begeistern, wie es heute mit den Kindersoldaten in Afrika geschieht. Mein 17-jähriger Vetter schrieb uns noch im März 1945, er – als eben ernannter Fahnenjunker – könne es gar nicht erwarten, sich bald an der Front zu bewähren. Eine Woche später ist er gefallen.

Wie tröstlich ist demgegenüber – bei all dem Schrecklichen in der Welt – die Verheißung, ja Zusage einer neuen Erde, wie sie die Offenbarung des *Johannes* kündet: „Siehe, Ich mache alles neu… Gott wird abwischen alle Tränen von ihren Augen, und der Tod wird nicht mehr sein" (Offb 21, 4-5). Meint dies die leibliche Unsterblichkeit? Dann hätten die Pharaonen recht gehabt, die sich mumifizieren ließen, ebenso wie jene Amerikaner, die sich nach ihrem Tode einfrieren lassen. Ich glaube stattdessen, dass jene Bibelworte gar nicht das Sterben meinen, sondern dass das Töten nicht mehr sein wird. Uns ist in der Offenbarung zugesagt, dass die Zeit kommt, in welcher wir Menschen jedes Leben als heilig erachten. Ja, diese Verheißung sollten wir wegen ihrer Dringlichkeit schon heute in der *Positiv*-Form verinnerlichen: Das Töten geht zu Ende – *das Töten ist vorbei* – für immer!

Welche Vision für ein neues Zeitalter! Seit den 1960er Jahren ist in esoterischen Kreisen die Rede vom Anbrechen einer neuen Erden- und Bewusstseins-Epoche, von einem Wassermann-Zeitalter. Dass dieses jetzt, zu unseren Lebzeiten fällig sei, wird begründet mit der aktuellen astronomischen Präzession unseres Sonnengestirns in das Zeichen Aquarius samt den in der Astrologie angekündigten Merkmalen. Zu diesen zählen eine Faszination für Neues und damit das

Überbordwerfen von alten Lebensformen, Traditionen und Überzeugungen; ferner der selbstverständliche Umgang mit Virtuellem, ebenso aber auch mit dem Jenseitigen.

Man sollte die Vorstellung einer bevorstehenden Bewusstseinswende nicht als unseriös oder spekulativ abtun, werden doch auch andere Stimmen laut wie z. B. *Teilhard de Chardin* und *Aurobindo.* Ich beziehe mich vor allem auf den deutsch-schweizerischen Kulturphilosophen *Jean Gebser* (1905-1978). Dieser hat in seinem mehrbändigen Lebenswerk „Ursprung und Gegenwart" schlüssig dargelegt, dass die Evolution des Menschheits-Bewusstseins in Stufen verläuft und heute im Übergang begriffen ist vom kognitiven Bewusstsein zur „integralen" Bewusstheit. Solche Übergänge ereignen sich nach Gebser sprunghaft im Sinne einer Mutation. Das neue „Gewahren" bringe ein Gespür für ganzheitliche Zusammenhänge, für übergreifende Wechselwirkungen in Natur und Gesellschaft, für das Durchschauen verheimlichter Missstände und Machenschaften: Es eröffne die Hinwendung zu dem, was wesentlich ist.

Und zeitgleich wartet die moderne Physik mit neuen Erkenntnissen und Begriffen auf: Es wurden Gesamt-Übereinstimmungen und Unschärfe-Relationen offenbar, die das Vorhandensein einer Grenze zwischen Materie und Geist infrage stellen. Das Merkmal der Voraussehbarkeit und Kausalität, worauf sich das rationale Folgern stützt, erweist sich vielfach als Illusion. Nach *H. Peter Dürr*, dem erst kürzlich verstorbenen Nachfolger *Heisenbergs*, ist es gleich wichtig, neben der Kausal-Ergründung auch die Frage nach der „Stimmigkeit" zu stellen, wenn es um systemische Zusammenhänge geht. Er unterscheidet zwischen *Realität als dem Faktischen* und *Wirklichkeit als dem als wirkend Erfahrbaren*: denn – so Dürr – alles ist offen, unterliegt der Wandlung, der Veränderung.

Mit solchen Einsichten dringen Philosophie und Naturwissenschaft in Bereiche vor, die den Hochreligionen von Orient und Okzident längst geläufig sind. Deshalb glaube ich nicht, dass wir hier nur einer Faszination nachjagen, sondern dass wir „wirklich und wirkend“ an einer hoffnungsträchtigen Bewusstseinswende stehen.

Bis hierher haben wir von jenem Frieden gesprochen „wie die Welt ihn gibt“. Der Frieden aber, den Christus Seinen Jüngern beim Abschied hinterließ, ist ein anderer: Es ist der Friede Gottes, aus dem Christus selbst gelebt und gewirkt hat. Er sprach: „*Meinen* Frieden gebe ich euch!“ Wenn wir uns im Gottesdienst gegenseitig den Friedensgruß zusprechen: „Der Friede sei mit dir!“, so ist dieser Seelenfriede gemeint. Der Friede Gottes macht beherzt und unerschrocken, er ist höher und weiser als jegliche Vernunft.

Licht und Bewusstsein

Was ist Licht? Das Phänomen des Lichts führt uns an die Grenze der Begreifbarkeit, sowohl physikalisch als auch verstandesmäßig, zeigt es sich doch als ein Paradoxon: Es kann wahlweise als Teilchen wie auch als Welle erscheinen.

Ohne das Licht, so brachte es 2014 eine TV-Dokumentation über die Entfaltung des Universums, hätte es keine Evolution gegeben. Licht steht am Anfang aller Entwicklung; Licht steht aber auch für das „erleuchtete“, voll erwachte Bewusstsein. Unter allen Lebewesen besitzt allein der Mensch die Fähigkeit, Bewusstheit in die Schöpfung zu bringen.

Was ist Bewusstsein? Die große Weite all dessen, worin sich Bewusstsein manifestiert, wird sich kaum ermessen noch wissenschaftlich definieren lassen. Die wichtigsten Bewusstseins-Qualitäten sind wohl diese: Bewusstsein kann wahrnehmen und es kann das Wahrgenommene zu sich selbst bzw. zu anderem in Beziehung setzen. Von Stufe zu Stufe steigert sich die Ansprechbarkeit und Wachheit vom Unbewussten bis hin zur vollen Bewusstheit.

Nach Meinung der meisten Wissenschaftler ist das Bewusstsein ein Produkt des menschlichen Gehirns. Doch gibt es auch die Gegenmeinung, dass das Gehirn lediglich eine Art Transformator sei und das Bewusstseins-Phänomen non-lokal existiere. So hat der Neurologe *Pim van Lommel* in einer Dokumentation mit großer Fallzahl belegt, dass sogar während eines vorübergehenden Gehirnausfalls Wahrnehmungen stattfinden, ja erlebt werden, die nach der Wiederbelebung klar erinnert werden. Ferner berichten viele Patienten mit Nahtod-Erfahrungen – sei es bei Operationen, sei es bei Unfällen – von beeindruckenden Licht-Erlebnissen.

In vielen religiösen Traditionen ist vom göttlichen Funken die Rede, der im Herzen anwesend sei und nur den Menschen auszeichne. Geheimnisvolle Aussagen zum Wesen des Lichts finden sich in den beiden *Schöpfungsgeschichten* der jüdisch-christlichen Tradition: der jüdischen im 1. Kapitel des Buches Genesis, der christlichen im Prolog des Johannes-Evangeliums. Gott setzt die Schöpfung mit der Parole „Es werde Licht" in Gang. Und bei Johannes heißt es: „Das Leben war das Licht der Menschen." Das lichthafte Leben ist das wahre Sein: Leuchten erst macht das Leben des Menschen aus – seine Lebendigkeit. Bekanntlich erzeugen lebende Zellen eine Strahlung von Photonen, d.h. von Licht. Der Physiker *F. Popp* hat nachgewiesen, dass sie mittels solcher Lichtstrahlung untereinander kommunizieren.

In der „Erweckung zum Licht" erfährt jedes Menschenleben seine Sinngebung, seinen Wert: im Hinblick auf die Evolution wie auch im Blick auf Gottes Plan. Um zum Licht für seine Mitmenschen zu werden, muss man kein Heiliger, kein Erleuchteter sein. Denn jeder vermag – so unvollkommen er auch sei – Licht rings um sich zu verbreiten. Im Charisma ist diese Ausstrahlung gar nicht das Leuchten des Menschen selbst, sondern der Widerschein Gottes in ihm.

Depression und Leiden

Frère Roger von Taizé sagte von sich: „Das Besondere an meinem Leben ist meine Verbindung zu Gott. Aber ich muss sie täglich neu erringen."

Ich selbst erinnere mich an Momente des großen Glücks, wo ich meinte: Jetzt habe ich es begriffen! Jetzt habe ich es er-griffen, jetzt werde ich die Nähe Gottes mein Lebtag besitzen! Mir eröffneten sich unsichtbare Zusammenhänge, zumal ich Zeuge so manchen Heilungswunders geworden war: Dieser gütige Gott machte alles möglich und bezog auch mich in Sein heilendes Wirken ein.

Dann aber starb auch meine Schwägerin, die Witwe meines Bruders, an Krebs. Sie hinterließ zwei Waisen. Ich war abgrundtief von Gott enttäuscht und verstand Ihn nicht mehr. Ich haderte! Und fiel in eine Depression. Ich saß buchstäblich im Dunklen. Nach und nach wurde ich durch sämtliche Phasen geführt, die *Johannes vom Kreuz* und *Teresa von Avila* als die „Nacht der Seele" beschrieben haben: Was auch immer ich meinem erbarmungslosen Gott vorwarf oder von Ihm erbettelte – Er schwieg. Ich wusste zwar: Er war da. Es gab Ihn. Aber Er hielt sich unerreichbar. Am Ende bettelte ich nur noch darum: Er möge mir nicht auch noch den Glauben an Seine Existenz wegnehmen.

Teresa von Avila hat es so beschrieben: Zu Anfang, wenn wir Gott entdecken, beschenkt Er uns mit dem Gefühl unendlicher Süße. Aber nicht in diese Euphorie sollen wir verliebt sein, sondern in Ihn selbst – in schlichter Treue. Eine große Dienerin der Treue ist auch ihre Namensschwester *Mutter Teresa von Kalkutta* gewesen, die – wie sie selbst bekannte – lange Zeiten ihres Lebens und Wirkens im Gefühl der Unerreichbarkeit Gottes ausgehalten hat.

In späteren Krisen, die über mich hereinbrachen, ging es eigentlich nur noch um Bagatellen, nämlich um das Verkraften von Verletzungen meines Ichs – genauer gesagt: um „Revierkampf" bzw. gegenseitige Herabwürdigung zwischen mir und einem mir nahestehenden Menschen. Ich habe jedes Mal lernen müssen, dass ich gar nicht gegen diese Person zu kämpfen hatte, sondern mit mir selbst – nämlich darum, in der Liebe bleiben zu können. So hat mir jeder dieser Konflikte reichlich Gelegenheit gegeben, über mich selbst nachzudenken. Auch diese Lebenskrisen waren verzweifelte Zeiten – nun jedoch unter Gottes Augen. Es war, als wolle Er Selbst jeden meiner Konflikte zu einem guten Ende führen, aber Er ließ Sich – Er ließ mir! – sehr viel Zeit.

Depressionen können lebensgefährlich werden: Sie können den Menschen in den Selbstmord treiben oder in eine so starke Todessehnsucht, dass seine Gedanken um nichts anderes mehr kreisen. Die englischen Heiler nennen es „Opting-out" – Optieren für das Aus-Steigen aus dem Leben. Der Organismus reagiert darauf mit Entlebung, d.h. mit schwindender Energie, schließlich mit ernsthaften Leiden. Seien wir daher achtsam! Überfallen uns solche Anwandlungen, müssen wir sie sofort und mit Bestimmtheit innerlich widerrufen. Wenn wir dies bei unseren Mitmenschen wahrnehmen, sind wir aufgerufen, Abhilfe zu suchen.

Viel Trost habe ich immer in dem biblischen Bericht von dem Kampf Jakobs mit dem Engel gefunden (1. Mose 32): Als Jakob sich nach zweimal sieben Jahren Exil wieder auf den Heimweg machte, stand ihm auch die Wiederbegegnung mit seinem Bruder Esau bevor, den er um den väterlichen Segen betrogen hatte. Das war kein gemeiner Schwindel im üblichen Sinne gewesen, denn Jakob wusste innerlich um seine Berufung, und hierfür brauchte er den Segen unabdingbar. Die Segnung der mündigen Kinder spielt in der jüdischen Tradition eine große Rolle. Sie ist Weihe, Freigabe und Entsendung zugleich: „Mögest du ein Segen sein." Je näher Jakobs Heimkehr rückte, um so intensiver wurde sein innerer Kampf mit sich selbst. Der Bericht lautet: „Da rang ein Mann mit ihm." Sein eigenes Gewissen oder ein Engel als Bote Gottes? Als er sah, dass Jakob alles daran setzte, dies auszufechten (bei Luther: „dass er ihn nicht übermochte"), sprach der andere: „Lass mich gehen, denn die Morgenröte bricht an." Damit sprach er aus: Es gibt Zeiten des Ringens – und es gibt Zeiten der Befriedung, in denen ein neues Licht heraufzieht. An dieser Wende nun besinnt sich Jakob auf das Sakrament des Segens, ob verdient oder unverdient: „Ich lasse dich nicht los, du segnest mich denn." Und er empfängt eine Taufe, nämlich den neuen Namen „Israel" als der, der im Kampf gegen Menschen wie auch Gott treu geblieben ist. Glücklich, wer in solchen Momenten seinen Gott um den Segen bitten kann.

Hätte Gott mich nicht in meine Prüfungen gestürzt, so hätte ich – das gestehe ich offen – Ihn in meinem Leben immer mehr zur Seite geschoben. Ich bin heute fest davon überzeugt, dass die „Versuchungen", in die Gott uns führt, aus Seiner Sehnsucht herrühren, „um jeden Preis" uns Menschen näher an Sich zu ziehen. *Jochen Klepper* dichtete: „Durch Fülle wie durch Einsamkeit machst du uns nur für dich bereit … und was du schickst, ob Glück, ob Angst, zeigt stets, wie du nach uns verlangst." Die Gewissheit der Nähe Gottes ist Kleppers Lebensthema gewesen, dem er in ergreifenden Gedichten Ausdruck verliehen hat. Diese Gewissheit hat ihm wohl auch die Kraft gegeben, zusammen mit seiner Frau, einer gebürtigen Jüdin, aus dem Leben zu scheiden, als ihr in der Nazizeit das KZ bevorstand.

Hier möchte ich auf das Postulat von *Hugo Grotius* zurückkommen, der Mensch könne aus eigener Erkenntnis die Ordnungsregeln für die Welt entwerfen „… so als gäbe es Gott nicht." *Dietrich Bonhoeffer* hat in der Gefängniszelle –

zwischen Widerstand und Ergebung – intensiv mit diesem Satz gerungen. Im Juli 1944 schreibt er an einen Freund: „Wir können nicht redlich sein, ohne zu erkennen, dass wir in der Welt leben müssen ‚etsi Deus non daretur'. Und eben dies erkennen wir – vor Gott … So führt uns unser Mündigwerden zu einer wahrhaftigeren Erkenntnis unserer Lage vor Gott. Gott gibt uns zu wissen, dass wir leben müssen als solche, die mit dem Leben ohne Gott fertig werden." Das *Mündigwerden* des in die Welt entlassenen Menschen ist hier die zentrale Erfahrung eines Märtyrers: Der schweigende Gott mutet – ja Er traut Seinen Kindern zu, als *Gottes Erwachsene* die Arbeit im Weinberg in Seinem Sinne voranzutreiben.

Es gibt ein Mysterium, über das sich nur behutsam sprechen und nachdenken lässt – das Leiden Gottes. Das übersteigt unser Verstehen: Gott leidet in uns und durch uns, so wie Er auch in uns und durch uns Seine Werke vollbringt. In unsrer Verzagtheit nehmen wir das Leid aber ganz für uns selbst in Anspruch und wähnen uns von Gott allein gelassen. Dabei ist Er uns in unserem Leiden näher als in glücklichen Zeiten. Es ist wie in der Parabel von den zwei Fußspuren im Sand: der des Menschen und der von Gott an seiner Seite. In Zeiten des Unglücks verbleibt nur die eine Spur – die tiefe Spur Gottes, denn dann trägt Er nicht nur die große Leidenslast, sondern „schultert" obendrein auch noch den entkräfteten Menschen.

Darum: „All eure Sorgen werfet auf Ihn." Lange Zeit dauert es freilich, bis der Mensch loslässt. Den Abgrund des Leidens lotet er stets bis zur Neige aus, bevor er zu kapitulieren bereit ist. Als ich endlich losließ, war damit mein Konflikt durchaus nicht fortgezaubert, und gerechtfertigt war ich schon gar nicht. Aber kraft Gottes Teilhabe – so durfte ich es erleben – war ich getröstet und gestärkt. Denn Er war ganz nahe, auf eine bis dahin ungeahnte Weise. Und eines Tages wurde ich gewahr … dass alles gut war.

Schuld und Vergebung

Gibt es so etwas wie ein blind waltendes Schicksal, das uns willkürlich zwischen Glück und Unglück hin und her taumeln lässt und unschuldige Opfer fordert? Oder besteht doch immer eine Erklärung oder Rechtfertigung für das, was uns zustößt? Die Frage wird in den verschiedenen Religionen und Weisheitslehren unterschiedlich beantwortet. In der Karma-Lehre des fernen Ostens wird die Ursache für die Lebenssituation eines Menschen in früheren – schuldhaften bzw. untadeligen – Erdenleben gesucht, so dass ihm im jetzigen Leben entsprechende Gerechtigkeit geschehe: Diese Karma-Kausalität ist bindend und zuverlässig, sowohl rückwirkend als auch für die Zukunft; der Mensch ist sein eigener selbstverantwortlicher Meister. Demgegenüber richten die im vorderen Orient entstandenen monotheistischen Religionen den Blick vordergründig auf die Beziehung – auf die Vernetzung in der Gegenseitigkeit. Denn nicht nur sich selbst fügt der Mensch eine Belastung zu, sondern mit dem Unrecht am Mitmenschen verletzt er immer auch die Harmonie der Schöpfung und des Schöpfers. Die Stimmigkeit des Ganzen zu befrieden ist nicht nur eine persönliche Aufgabe, die irgendwann später bereinigt werden kann, sondern eine universelle Verpflichtung, die keinen Aufschub duldet.

Wenn ich gegenüber einem Behinderten äußere, sein Schicksal sei karmisch bedingt, dann richte ich! Selbst wenn ich es nur denke. Ein junger Freund von uns, *Peter*, ist als Contergan-Kind ohne Arme geboren, seine Hände setzen direkt an den Schultern an. Die Schuldzuweisung einer in einem früheren Leben vollbrachten Missetat weist er als unwürdig zurück. Er sieht die ihm anvertraute Lebensaufgabe darin, mit den erstaunlichen Fertigkeiten, die er sich angeeignet hat, ein Hoffnungsträger zu sein. So wählte er den Beruf eines Erziehers für Behinderte.

Wir hatten ein drittes Kind, das nicht lebensfähig war und nur wenige Tage bei uns blieb. Ich habe mir jahrelang Gedanken über mein etwaiges Verschulden gemacht im Wissen, dass uns im Leben nichts widerfährt, was nicht mit uns selbst zu tun hat. In einer meditativen Wiederbegegnung hat mir mein Töchterchen tröstend zugeflüstert: Ja, es hat mit dir zu tun, aber nicht mit Schuld.

Unverschuldetes Leiden können wir nicht begreifen. Das Opfer von Unschuldigen schreit zum Himmel! Im wahrsten Sinne, denn dort vermag es Pforten der Gnade zu entriegeln. Es ist immer ein unschuldiges Wesen, das Heil und Freiheit bringt – für die anderen. So berichten es unsere Märchen und so lehrt es auch der christliche Glaube: Leiden als Identifizierung und Stellvertretung.

Viel zu entmutigend spricht das Dogma der Kirchen und Sekten von Sünde und Strafe, so als hätten wir einen herzlosen Gott. Anstatt den Gläubigen Gott näher zu bringen, wird Er ihnen eher als der Unnahbare vermittelt. Kein Zweifel: wir sind unvollkommen und fehlbar, auf die Befriedigung eigener, oft überzogener Wünsche bedacht, und dies auf Kosten anderer. Aber ist das gleichlautend mit bösartig oder boshaft? Eher möchte ich von Verführbarkeit sprechen, von Egoismus statt von „bodenloser Verderbtheit“. Deshalb bevorzuge ich im Vaterunser die alte Luther-Fassung „Erlöse uns von den Übeln“ anstatt wie es heute heißt „vom Bösen“. Viele Übel gibt es, die unser Leben zerrütten können; böse zu handeln ist eines davon. Aber das Böse zu benennen – gar personifiziert als „der Böse“ – widerstrebt mir im Gebet des Herrn.

Kehren wir noch einmal zurück zu Adam und Eva und ihrem Griff nach dem Apfel der Erkenntnis. Welch ein Vertrauensbruch gegenüber Gott, welche Eigenmächtigkeit! Aber bringen wir diese mythologische Szene doch in Beziehung zu der entsprechenden Phase in der menschlichen Entwicklung, zur Pubertät: Dem Jugendlichen wird das Umfangen- und Umsorgt-Sein durch die Eltern zu eng, mit allen Mitteln will, ja muss er aus dem umfriedeten Kindheitsparadies ausbrechen, um sich selbst – den eigenen Selbstwert – zu finden. Er mag nicht mehr auf die Eltern angewiesen sein; er muss ihren Erwartungen – ob ausgesprochen oder unausgesprochen – aus dem Wege gehen, denn sie lähmen ihn. Alle vorsorglichen Ratschläge muss er verwerfen, denn nur eigene Erfahrungen zählen. Dieses Aufbegehren meint gar nicht die Eltern persönlich. Der Durst nach Freiraum und Selbstbestimmung lässt sich nur durch Wegstoßen der Erzeuger stillen.

Ist das Frevel? Ist es Sünde? Zweifellos ist es ein Vergehen gegen die Eltern. Aber die Eltern müssen umlernen: Sie werden sich dazu durchringen müssen, das erwachsen werdende Kind zu segnen und ihr Herz nicht zu verschließen. Denn eines Tages wird ihre Tochter, ihr Sohn wieder vor der Tür stehen – erfolgreich, oder aber gescheitert. Ebenso hält es auch unser Himmlischer Vater mit uns: Er kommt uns, wenn wir als verlorene Kinder umkehren, ohne Vorwurf mit ausgebreiteten Armen entgegen. Die ganze Zeit hat er uns liebevoll im Blick behalten.

Aussöhnung, Vergebung und Befriedung zwischen den Menschen und Ihm sowie der Menschen untereinander liegen Gott besonders am Herzen – für Ihn ist es „Chefsache"! Vielleicht verstehen wir nun, warum Gott immer und immer wieder Vergebung für uns bereit hält. *Frère Roger* von Taizé geht noch einen Schritt weiter: „Gott vergibt um der Gemeinschaft willen." Die unbelastete, ungetrübte Beziehung zu Seinen Menschenkindern ist Ihm das Wichtigste. Darum schlägt Er Tag für Tag eine neue, makellose Seite im Lebensbuch jedes Einzelnen auf.

„Gott richtet niemanden, sondern alles Gericht hat Er dem Sohn übergeben“ (Joh 5,22). Aber auch der Sohn richtet nicht ! Er ist der vom Vater eingesetzte Vermittler der Versöhnung. Wenn wir wirklich an die Güte und Gnade Gottes glauben, müssen wir nicht – wie einst Adam – uns vor Gott verstecken. Noch in letzter Minute am Kreuz hat Christus gebetet: „Vater! Vergib ihnen, denn sie wissen nicht, was sie tun.“ Dürfen wir angesichts dieses Vermächtnisses die Versöhnung jemals ausschlagen?

Wir brauchen uns nicht einzubilden, dass wir jemals schuldfrei durch dieses Leben gehen können. Das gilt schon für die kleinen Lieblosigkeiten des Alltags. Welch überzogene Forderung an uns und unsere Mitmenschen! Unser Hang zur Fehlbarkeit gleicht geradezu einer Sucht. Aber wir können – so wie die Anonymen Alkoholiker – uns unserem Gott anvertrauen als jener einzigen Macht, die stärker ist als unsere Sucht. Die Anonymen wissen, dass man sich immer nur vornehmen kann, das erste Glas stehen zu lassen. So können auch wir uns nur zutrauen, bereits die erste Sünde zu „versäumen“: Wehre den Anfängen! Jesus pflegte die von Ihm Geheilten zu entlassen mit dem Zuspruch: „Sündige hinfort nicht mehr!“ Er sprach damit keine Schuldzuweisung für Vergangenes aus, sondern verhieß eine grundlegende Wandlung für die Zukunft: Du bist hinfort vom Zwang zur Sünde befreit – du bist frei!

Eben dies müssen wir im Auge behalten: Bei der Frage nach Schuld und Vergebung müssen wir uns von dem Vergangenem lösen. Es geht um die Zukunft! Ich erinnere mich, wie ich mich einmal in meiner englischen Quäker-Schulzeit verspätet hatte, der Lehrer stand bereits in der Klasse. Ich begann mit „Sorry“ und wollte den Grund meiner Verspätung schildern, doch er unterbrach mich mit einem freundlichen, aber bestimmten „All right“, und das besagte zweierlei: Alles in Ordnung – aber das kommt bitte nicht wieder vor.

Bei unseren zwischenmenschlichen Konflikten rühren wir immer wieder die alten Vorwürfe auf. Oft ist es so, dass sich zwei konträre Temperamente befehden, ein gefühlsbetonter Typ und ein nüchterner. Sie empfinden völlig unterschiedlich: Der Emotionale fühlt sich – ob begründet oder nicht – in seinem Stolz verletzt; er kann nicht einlenken, weil er zu aufgewühlt ist. Dem Rationalen hingegen geht es um die Sache, er will den Anderen zur Vernunft bringen und nimmt nicht wahr, dass alles Argumentieren auf diesen überheblich wirkt. Zum Thema Wieder-Annäherung hat *Papst Franziskus* bei seiner Neujahrs-Predigt 2017 das Wort von der „Versuchung der Rache" gewählt, der es zu widerstehen gilt. Fürwahr, einer der Streitenden wird sich selbst besiegen müssen – mit der Hilfe Gottes; dann vermag er den Anderen um dessen Würde willen um Verzeihung zu bitten.

Der bekannte Psychotherapeut *Konrad Stauss* stellt in seinem Buch „Die heilende Kraft der Vergebung" klar, dass ein grundsätzlicher Unterschied zwischen Vergebung und Versöhnung besteht: Vergebung – so schwer sie auch fallen mag – ist eine einseitige Leistung des Verletzten. Versöhnung jedoch ist ein Akt der Gegenseitigkeit. Sie verlangt nicht, dass man fortan beieinander bleibt und macht auch die Tat nicht ungeschehen, aber sie bahnt den Weg zu innerem und äußerem Frieden.

Damit erweist sich Versöhnung als die höchste und vornehmste Form der Kreativität und Verwirklichung. Verzeihen setzt neue Zeichen in die Welt, die die Realität verändern. Denken wir an die Worte Jesu, als die aufgebrachten Männer die Ehebrecherin vor Ihn hinzerrten: „Wer von euch ohne Sünde ist, der werfe den ersten Stein!" (Joh 8,7) – und einer nach dem anderen schlich beschämt davon. So dürfte es beim Fazit unseres Lebens weniger um unsere von Gott längst hinweggefegten Übeltaten gehen, sondern eher darum, wie viele „Steine" wir geworfen haben.

Wenn aber gar kein Gericht stattfindet: Gibt es dann überhaupt eine Schuld, für die der Gekreuzigte sich festnageln ließ? Müssen wir beharren auf der Lehre eines vom Vater eingeforderten Sühnetodes für die angesammelten Sünden der Menschheit? Wir sollten vielmehr darauf schauen, wie kompromisslos der menschgewordene Gott uns Sein *Leben* gewidmet hat!

Christus lebte das Eins-Sein mit dem Vater vor. Das wurde Ihm als Blasphemie angelastet, und auf Gotteslästerung stand die Todesstrafe. So war Sein Weg ans Kreuz von vornherein besiegelt. Christi Vollkommenheit war für seine Gegner freilich nicht auszuhalten. Lebte Er heute, so würden wir Ihn ebenfalls umbringen. Christus war aber zugleich Mensch wie wir. Seine Botschaft waren die *Bejahung des Menschseins* und der *Friede zwischen Mensch und Gott*. Er kam als Menschensohn, um aus nächster Nähe mitzuempfinden, was in uns Irdischen vorgeht: als Einer, der unsere Nöte und Konflikte bis ins Letzte versteht. In seiner radikalen Solidarisierung nahm Er alles auf sich, was das Menschsein so schwer macht – bis hin zum Sterben in qualvollster Form. Aber die Hingabe des Leibes war nicht das Schwerste, sondern jener Moment, als Ihm die Verbindung zum Vater abriss. Welch Aufschrei aus der äußersten Gottferne! Er, der vollkommen eins mit Gott war, musste sich in den Abgrund aller Abgründe stürzen lassen, damit unsere menschliche Gottferne durch-lässig wird. Doch der Vater hat Ihn nie preisgegeben. So wie Er auch uns Menschen nie verstößt. Mit *Frère Roger* können wir gewiss sein, dass Christus, der sich auf Erden total mit dem Menschsein identifiziert hat, nun als Auferstandener „sich so unlösbar mit dem Menschen verbunden hat, dass Er in ihm wohnt… wie eine brennende Wunde im Herzen, wie Licht in der Finsternis."

Warum fällt es uns heute so schwer, an die leibliche Auferstehung Christi zu glauben? Mit den Mitteln der Wissenschaft lässt sich die Frage nicht klären. Für mich selbst ist sie beantwortet seit meiner Begegnung mit dem Turiner Grabtuch. Auf diesem Leinen sind – als eigenartige Schattierungen – die Züge und Umrisse des darin Bestatteten aufgeprägt, gleichsam eingebrannt: Hände und Füße wie auch die rechte Seite zeigen die klassischen Wundmale, Rücken und Brust Spuren einer Geißelung; die Stirn hat Blutspuren, das Nasenbein ist gebrochen, das Gesicht verschwollen. Das vier Meter lange durchgewebte Umschlagtuch entspricht der damaligen Bestattungsweise, ebenso das Webmuster. Ein Radiokarbon-Test datiert das Tuch allerdings in das 12. Jahrhundert; doch ist es zu dieser Zeit wegen Brandschäden mehrfach geflickt worden, was den Test relativiert. Bemerkenswert ist, dass beim ersten Fotografieren des Tuches im Jahre 1898 nicht – wie doch zu erwarten gewesen wäre – zuerst ein Negativ zutage trat, sondern sofort ein Positiv-Bild! Sollte das Tuch, falls es echt ist, durch eine außergewöhnliche Strahlung vor-belichtet gewesen sein? Als es im Jubiläumsjahr 2000 in Turin ausgestellt war, haben wir lange wie gebannt vor dem Tuch gestanden. Je länger mein Blick darauf verweilte, desto eindeutiger wehte mir die Botschaft herüber: Der Tod ist nicht das Letzte!

Und Judas? Sein Vergehen war *verliehene Schuld*: Er war ausgewählt, die Passion Jesu einzuleiten. Denn ohne Verrat keine Kreuzigung, und ohne Kreuzigung keine Auferstehung. Unter den Zwölfen war Judas derjenige, der sich für diese Tat eignete. Wie oft fällt auch uns in unserem Leben die Judas-Rolle zu; ja wie oft werden in einer Konfliktsituation beide Beteiligten sich gegenseitig zum Judas! Indem wir dies erkennen und uns zugeben können, ist schon ein erster Schritt zum Verzeihen – und oft auch zur Genesung – vollbracht. Wenn unsere Seele sich dann dazu durchringen kann, den Gegner zu segnen, geben wir ihn frei und werden es selber auch.

Es gibt auch Schuld durch Teilhabe an kollektivem Unrecht, bei dem der Einzelne gar nicht konkret zum Täter wurde. Solches gilt für die nationale Schuld von uns Deutschen – auch der Nachgeborenen – im Blick auf die damals „im Namen des Volkes“ verübten Verbrechen. Das gilt aber auch für unsere Gleichgültigkeit, indem wir an unserer Wohlstandsgesellschaft nutznießen auf Kosten der hungernden Welt; indem wir herabschauen auf Straffällige oder Asylbewerber und auch keinen Platz schaffen für Flüchtlinge – auch nicht in unserem Herzen.

Aus Hawaii ist eine Versöhnungsformel überliefert, die zugleich eine Gewissenserforschung einschließt. Es sei vorausgeschickt, dass die Hawaiianer sich bei den menschlichen Beziehungen bildlich vorstellen, wie Schicksalsfäden („Huna“) zwischen den Beteiligten gesponnen sind. Werden solche Netze gestört oder gar zerrissen, so verstößt das gegen die himmlische Ordnung; Verbundensein jedoch ist gleichlautend mit gegenseitiger Einstimmung. Es wird berichtet, dass ein hawaiianischer Arzt und Psychiater allein durch Beten einer Versöhnungsformel – und zwar ohne Beisein der Patienten, nur beim Studium der Krankengeschichten – eine baldige Befriedung der Klinik-Atmosphäre und die überraschende Heilung der psychisch schwer erkrankten, hochaggressiven Insassen erreicht hat.

„Ho-o pono pono“ ist der Name dieser Formel. Auf englisch lautet sie: „I am sorry. Forgive me. I love you. Thank you.“ Auf deutsch wird das meist so wiedergegeben: „Es tut mir leid. Vergib mir. Ich liebe dich. Danke.“ Aber diese Übersetzung trifft – zumindest für den ersten Satz – nicht den Kern! Denn hier gilt kein bloß dahingeworfenes „tschuldijung… tut mir leid“. Vielmehr müssen wir aufrichtig „sorry“, traurig, betrübt, betroffen sein. Betroffen in des Wortes doppelter Bedeutung: Das Geschehene betrifft *mich*, und meine Betroffenheit rüttelt mich auf und ändert mich. Sie zwingt mich zur Anerkennung meiner Mitschuld, in der Einzelbeziehung wie im Kollektiven. Nur so wird mein „Ich liebe dich“ echt; und ich kann – mit oder ohne Echo – das „Danke“ sprechen.

Eben deshalb dürfen wir nicht wegschauen, wenn immer wieder schlimme Dinge in Politik und Wirtschaft ablaufen jenseits unserer Reichweite. Auch wenn wir – anscheinend – nicht ursächlich mitbeteiligt sind, so sollte uns doch die Eskalation der katastrophalen Folgen (gegen die wir ja ebenfalls nichts unternehmen!) zutiefst betreffen. Vertrauen wir darauf: Allein schon unsere Identifizierung mit dem Unrechtsgeschehen wird, wie das Vorbild des hawaiianischen Arztes zeigt, nicht ohne Wirkung bleiben.

Zeit und Zeitigung

Über die Zeit hat der Mensch keine Macht. Sie schreitet voran ohne sein Zutun. Aber es macht einen Unterschied, ob sie nur „vergeht" oder ob sie mit besonderen Inhalten befrachtet ist. Die alten Griechen unterschieden zwischen *Chronos* und *Kairos*: Die routinemäßig verbrachte Zeit ist kurzlebig; die bedeutsamen Momente aber haben Weite und die Zeit scheint stillzustehen. Hierzu möchte ich ein Erlebnis schildern: Ich wachte auf nach einem erfrischenden Mittagsschlaf. Auf dem Nachttischchen tickte der Wecker und durch das offene Fenster drang das Jubilieren einer Lerche herein. Mir war, als käme mir eine Einsicht in den Sinn: Die Uhr misst die Zeit – der Vogel aber durch-misst die Zeit.

Wir unterscheiden zwischen Vergangenheit, Gegenwart und Zukunft. Es gibt aber grammatikalisch noch ein viertes Tempus, nämlich den Konjunktiv: die *Möglichkeitsform*. In den romanischen Sprachen ist sie noch gebräuchlich und auch die Schweizer haben ein Sprachgefühl bewahrt für das Unbestimmte, Fragliche: „Ich hoffe, es gehe dir gut." Zukunft und Möglichkeit unterscheiden sich in ihrer Voraussehbarkeit; Zukünftiges ist oft sogar berechenbar. Anders die offene Möglichkeit: ob wir in ihr das eher Unwahr-scheinliche erblicken oder aber ihr hoffnungsvoll, so als-ob, entgegen-sehen, ist unsere Wahl. Fürwahr: Zuver-sicht, gläubige Er-wartung und Wunschkraft besitzen große schöpferische Macht – nicht nur im Märchen. Solches Vermögen legt uns große Verantwortung auf; denn unsere Wünsche müssen in die große Ordnung des Ganzen passen. Wünschen und Hoffen können anscheinend die noch jenseits des Zeithorizonts harrenden Ereignisse ins Hier und Jetzt transformieren, so als-ob eine Grenze durchlässig wird.

Wir stehen mit unseren Wünschen an der Schnittstelle zwischen Realität und Wirklichkeit. *H.P.Dürr* postulierte: *Wirklichkeit ist das, was wirkt!* In der modernen Quantenphysik ist die Rede vom Indeterminismus, der Unbestimmtheit auf Quantenebene, von a-kausalen Ereignis-Möglichkeiten. *Niels Bohr* kam zu der Erkenntnis: „Erst das Bewusstsein führt die Welt vom Zustand des Möglichen in den der Realität." Das beweist sich z.B. in der Wirkung von Placebos. Ein französisches Sprichwort sagt: „Wunder kommen nur zu denjenigen, die daran glauben."

Haben wir einen Wunsch an Gott, so bilden wir uns gern ein, Er müsse ihn mit Blitz und Donnerschlag sofort erledigen. Wir ignorieren, wie viele Prozesse längerfristig in die Zeit gestellt sind und nur in Schritten ausgetragen werden. So liegen neun sehr wichtige Monate zwischen Zeugung und Geburt. *Paracelsus* hat darauf aufmerksam gemacht, dass es auch bezüglich einer Heilung den genau richtigen Zeitpunkt gibt: Er nennt ihn die „Stunde der Zeitigung". In der Tat ist das Wesen der Zeit ein „Zeitigen": Sie erweist sich als die Hervorbringende, Wandlung Bewirkende. Erst wenn die Zeit reif ist – im fälligen Augenblick – fällt die reife Frucht. So erhält der Kleine Prinz bei *St. Exupéry* vom weisen König den Rat, sich einen Sonnenuntergang möglichst dann zu wünschen, wenn der Moment hierfür günstig ist. Wollen wir also Fälligkeit nicht versäumen, sind wir gut beraten, wenn wir uns ab-stimmen, ein-stimmen, dem Geschehen zu-stimmen.

Diese Weisheit finden wir verschlüsselt in dem Märchen vom Dornröschen: Erst nach 100 Jahren, an dem bestimmten Tag der Fälligkeit, öffnet sich dem Prinzen die Dornenhecke. Und zwar von selbst. Auch wenn es lange dauert, wird die Stunde kommen, denn die Verheißung ist da.

Äußerst verstärkend wirkt es, wenn sich Viele gleichzeitig auf dasselbe Anliegen konzentrieren. Das meint nicht Quantität, sondern Qualität, nämlich die Bündelung des „Wunsch-Strahls", quasi nach Art eines Lasers. Hierfür bedarf es allerdings der Gemeinschaft. Eben dieses Miteinander erleben wir in unserem Münchner Fürbittekreis, über den ich im letzten Kapitel des Buches ausführlich berichte.

Gleiche Gebetszeiten für alle Gläubigen gelten übrigens im Islam: Schon bei Sonnenaufgang ruft der Muezzin zum ersten Mal vom Minarett zum Lobpreis Allahs auf. Und auch in Großbritannien hat es während des Zweiten Weltkriegs eine sehr intensive Bündelung des Betens und Gedenkens gegeben, nämlich in Form der allabendlichen Schweigeminute für den Frieden und für „Freedom" – für die Bewahrung Englands. Die Schweigeminute wurde ab November 1940 jeweils unmittelbar vor den 21-Uhr-Nachrichten über BBC ausgestrahlt, unter dem Glockenläuten von Big Ben. Zu Lande und auf See, in den Kampfgebieten, in Luftschutzkellern und Spitälern – überall wurde die Schweigeminute eingehalten. Die Initiative stammt von *Wellesley Tudor Pole*, der die Eingebung hierzu in einer Meditation empfangen hatte. Es war ihm gelungen, sowohl *Churchill* als auch *Georg VI.* als Schirmherren zu gewinnen. Die Tradition der allverbindenden Friedensminute ist 1994 durch die Engländerin *Dorothy Forster* und ihren *Big Ben Silent Minute Trust* wieder aufgegriffen worden. Es steht jedermann frei, sich um 21 Uhr eigener Ortszeit einzustimmen. Auf diese Weise formt sich ein Gebet rund um den Globus, rund um die Uhr. Auch während des Kalten Krieges waren vielfache Friedens-Initiativen unter Millionen Menschen abgestimmt; ich erinnere an die allabendlich in die Fenster gestellten Kerzen.

Für unsere menschliche Wahrnehmung verläuft die Zeit „vorwärts". Physikalisch gesehen könnte es unter bestimmten Bedingungen auch umgekehrt sein. Faszinierend wird es, wenn Ereignisse buchstäblich aufeinander fallen: nämlich dann, wenn sie eine übereinstimmende Aussage, eine Botschaft vermitteln sollen. Jedermann kennt es, wie man von verschiedensten Seiten zugleich auf etwas Wichtiges „hingestoßen“ wird – ein Buch, ein Geschenk, ein Gespräch, die alle den gleichen Hinweis enthalten. *C. G. Jung* kam zu dem Schluss, dass derartige Gleichzeitigkeiten – er nannte sie *Synchronizität* –, so eigenartig und überraschend sie auch sind, sich jenseits des Zufälligen ereignen. Die Duplizität des Falles – das Zusammen-Fallen – scheint geradezu absichtlich zu sein. Synchronizität ist ein Kairos-Phänomen, denn es geht um die Bedeutsamkeit.

Jung zitiert *Chesterton*, den bekannten britischen Romancier, der anlässlich einer USA-Reise eine Vernissage besuchte. Ein Gemälde mit einem grünen ägyptischen Skarabäus beeindruckte ihn so sehr, dass er es erwarb. Um sich daran zu erfreuen, stellte er es dem Bett gegenüber in seinem Hotelzimmer auf. Wie durchfuhr es ihn, als er die Bettdecke aufschlug und auf seinem Laken einen lebendigen Skarabäus vorfand! Diese Geschichte kam mir in den Sinn, als ich bei einem Heilungsseminar über Intuition und Einstimmung zu sprechen hatte. Wegen des sommerlichen Wetters saß unsere Runde im Hotelpark im Freien. Während ich noch darüber nachdenke, ob ich auch das Thema Synchronizität anschneiden sollte, landet vor mir auf meinen Notizen ein smaragdgrüner Käfer von beachtlicher Größe...

Das Gleiche und das Ganze

„Ich glaube an den Menschen als eine wunderbare Möglichkeit“: Dieses Lebensmotto stammt von *Hermann Hesse*. Wie wichtig ist es doch, an den Menschen glauben zu können! Selbst wenn wir heute in einer Epoche voller Chaos, Maßlosigkeit und Materialismus leben. Vielen scheint das Wissen um ihre Menschenwürde abhanden gekommen, ja fast kein Begriff mehr zu sein und sie vergeuden sich an Spaß und Konsum.

Welchen Sinn hat unser Leben? Das mittelhochdeutsche Wort „Sinan“ für Sinn war zugleich eine Frage, nämlich *Woher/Wohin?* Keine abstrakte Frage, denn sie richtet sich an Jeden von uns. Es geht um das Ganze des Lebens – Ursprung, Weg und Ziel. Wahr-scheinlich ist der Weg des Menschen nicht im Detail vorprogrammiert, jedoch vorgezeichnet in seinen Möglichkeiten, und zwar sowohl vom Ursprung als auch vom Ziel her. In dem breiten Spektrum unserer Möglichkeiten liegt ein reiches Vermächtnis.

Was wissen wir vom Menschen? Das Menschsein wird heute in der Wissenschaft einzig durch die Evolutionslehre nach *Darwin* erklärt, zumeist noch abgewandelt im Sinne des Neo-Darwinismus, bei dem die Selbstverwirklichung auf Kosten anderer als Leitmotiv hingestellt wird („survival of the fittest“). Der Mensch hat aber nicht nur einen Körper, sondern er ist ein Leib-Seele-Geist-Wesen. Welches ist seine „Ausstattung“, so dass er sein Leben meistern kann?

Ich möchte an dieser Stelle einflechten, wie es dazu kam, dass sich meinem Mann und mir solche Fragen aufdrängten. In den 1970er Jahren lernten wir die damals weltbekannte Sterbeforscherin *Elisabeth Kübler-Ross* kennen. Als Ärztin hatte sie erkannt, wie einsam Sterbende im Spital ihre letzten Tage verbringen und wie nötig es ist, ihnen eine menschenwürdige seelische Betreuung zuteil werden zu lassen. In ihrer jahrzehntelangen intensiven Sterbebegleitung war sie besonders beeindruckt von der Reife der Kinder angesichts des Todes. Es ist weitgehend ihrem Einsatz zu verdanken, dass wir heute Hospize für Sterbende haben und das Thema Tod kein absolutes Tabu mehr darstellt.

In ihren Seminaren vermittelte Kübler-Ross als erstes das Bild vom erfüllten Leben, welches allerdings das Annehmen des Todes als Teil des Lebens voraussetzt. Sie beschrieb das Vierer-Modell der Psyche sowie der Individuation vom Es zum Wir laut *C. G. Jung*, als dessen Schülerin sie sich bezeichnete. An demselben vier-gegliederten Kreisbild skizzierte sie beides. Besonders wichtig war ihr die Hinwendung zum vierten, dem spirituellen Wesensbereich, der den Menschen über das Írdisch-Rationale hinausführt und seine geistigen Potenziale aufschließt. Unser Alltag bewegt sich zumeist nur in drei Wesensbereichen. Erst mit unserer Öffnung für die vierte, die transzendierende Stufe – so Kübler-Ross – erfüllt sich das wahre Menschsein und wir verlieren die Angst vor dem Tod.

Das Wirken, ja die Nähe und Unmittelbarkeit des vierten Bereichs war meinem Mann und mir bis dahin nicht bewusst gewesen. Nun aber fanden wir uns auf eine neue Fährte gesetzt, um uns selbst und unsere Mitmenschen besser zu verstehen. Durch eine der letzten Mitarbeiterinnen von *Jung* wurden wir mit seinem *Quaternio-Prinzip*, der Vierer-Ordnung, noch vertrauter gemacht. Wir begriffen, dass Vierer-Modelle eine Dynamik verwirklichen kraft der stufenweisen Entfaltung und laufenden Wechselbeziehung unter den Bereichen. Hierdurch unterscheiden sich Vierer-Modelle von den eher bekannten Dreier-Systemen: Die Dreiheit beschreibt wandlungsfreie Einheit-in-Sich, wie in der Leib-Seele-Geist-Einheit und in der Heiligen Trinität.

Nach und nach stießen wir auf weitere Menschenbilder und Vierheits-Modelle, für die dasselbe *Grundmuster* gilt: Jeweils vier Bereiche (Elemente, „Vier-tel") bilden miteinander ein Gesamtsystem, ein Ganzes. Soweit uns Fünfer-Systeme begegneten, erwiesen sich diese bei näherer Betrachtung als „Vier-plus-Eins-Systeme", weil das Fünfte jeweils die Zusammenfassung, die Krönung einbringt. Das Grundmuster der Vierer-Systeme bzw. Vier-plus-Eins-Systeme bleibt sich gleich: In den verschiedensten Varianten tritt stets dieselbe Staffelung, ja qualitative Steigerung auf – hin zu einem Ziel. Der Entfaltungsbogen der vier Teilbereiche spannt sich hierbei jeweils von einer ersten, real-fassbaren Basis bis hin zu einer vierten Ebene, die mittels Auflösung und Entgrenzung die Nähe der verborgenen „Wirklichkeit" ahnen lässt. Solche qualitative Wandlung spiegelt sich sogar in den vier Zeitformen: Vergangenheit als das Vorgegebene, Gegenwart als der aktuelle Impuls, Zukunft als das zu Erreichende und viertens die Möglichkeit als das noch offene *Entgegen-Warten.*

Das Vierte weckte unser besonderes Interesse. Für eine vergleichende Gesamtschau der verschiedenen Modelle mussten wir uns allerdings mit dem Analogie-Denken vertraut machen, wie es in vielen frühen Kulturen galt und bis heute in Asien gepflegt wird: Es ist jene Sichtweise, die das Verbindende erkennt in Bezug auf Erscheinungsbild (Phänomenologie) wie auch Bestimmung (Funktion). Als zusammengehend wird also gewertet, was auf eine gleiche Botschaft, auf dieselbe übergeordnete Sinngebung hinausläuft. Dieser ganzheitliche Ansatz unterscheidet sich grundlegend vom wissenschaftlichen Kausalitätsdenken, welches Ursache und Wirkung zu trennen versteht.

Im Folgenden stelle ich einige repräsentative Menschenmodelle vor, um das wiederkehrende Grundmuster deutlich zu machen. Die Analogie mag zuweilen bei einem der Teilbereiche ein wenig „hinken“, andererseits aber ergeben sich oft auch aufschlussreiche Details, die den Charakter eines Vier-Teils auf besondere Weise unterstreichen. Für diesen Überblick passt das von *Goethe* formulierte Motto: „Kein Phänomen erklärt sich an und aus sich selbst; nur viele zusammen überschaut, methodisch geordnet, geben zuletzt etwas, das für die Theorie gelten könnte.“

Die vier Grundfunktionen der Psyche nach Carl Gustav Jung

C. G. Jung verdanken wir die Definition von vier psychischen Ebenen der Wahrnehmung bzw. der Ausdrucksmöglichkeit, die er als vier *Grund-Funktionen der Psyche* erkannte. Ihm ging es um die Definition der „normalen“ Psyche und nicht um die krankhaften Verhaltensformen. Jung beschrieb folgende Vierfach-Ausstattung der menschlichen Psyche: 1) körperbezogenes *Empfinden*, 2) *Fühlen* (Emotion), 3) *Denken* (Ratio) und 4) *Intuition*.

„Emotions“ steht im internationalen Sprachgebrauch oftmals für die gesamte Skala der Psyche. Jung stellte klar, dass auch das „Denken“, das Mentale (lat. mens, engl. mind) eine Psychofunktion ist, gleichrangig mit den übrigen psychischen Funktionen. Die in der Aufklärung glorifizierte Vernunft darf also nicht mit „Geist“ – dem Absoluten – gleichgesetzt werden. Mit der Funktion „Empfinden“ versuchte Jung die endosomatische Ebene der Psyche zu erfassen, welche die körperlichen Grundbedürfnisse nicht nur leiblich „wahrnimmt“, sondern seelisch durchdringt. Insbesondere stellte Jung klar, dass auch eine vierte Grundfunktion existiert: die Intuition. Sie wird oft unter das Emotionale subsummiert. Das ist aber unzutreffend, denn sie wirkt auf einer feinfühligeren Ebene. Nach Jung ist sie die Fähigkeit, „unter die Oberfläche der Dinge zu schauen“ bzw. Bedeutungsvolles zu erspüren. Hier geht es um die Ambivalenz der Möglichkeit, des Bei-Nahen, das man mittels Ahnen, Medialität und Inspiration integrieren kann.

Die vier Grundfunktionen der Psyche sind in jedem Menschen angelegt. Sie erwachen allerdings nach und nach, beginnend mit dem Empfinden, das bereits dem Säugling die Bedürfnisse des Körpers meldet wie auch die Befriedigung. Doch schon sehr früh erwachen die Emotionen und finden im Ich-Erleben – besonders affektiv im Trotzalter – ihren Ausdruck. Schon ab dem Kindergarten- und Schulalter ist dann die Sozialisation an der Reihe mit der Notwendigkeit der Einordnung und rationalen Abwägung. Die vierte Funktion – die Sensibilisierung für Transrationales – kommt oft erst durch Leidens- und Grenzsituationen zum Tragen. Ein gewisses Gleichgewicht unter diesen vier Valenzen anzustreben, erachtete Jung als Ziel der menschlichen Entfaltung und Reifung. So gleichrangig die vier Funktionen auch sind, neigt der Einzelne jedoch dazu, eine davon als Erstfunktion bevorzugt zu verwirklichen mit der Folge, dass die anderen zu kurz kommen. Man könnte hieraus geradezu eine Vierer-Typologie ableiten: der spontane Gefühlsmensch, der besonnene Denker, der bodenständige Praktiker, sowie der intuitiv-musisch Begabte. Jung nannte das zu erstrebende Reifungsziel das *Selbst*. Hierzu bedarf es keiner Bewusstseinserweiterung, sondern der Bewältigung aller im eigenen Inneren schwelenden Dysbalancen. Den harmonischen Vollzug aller vier Funktionen bezeichnete Jung als *Conjunctio* (Vereinigung): Sie ist das krönende Fünfte – die erfüllte Ganzheit.

Der vierstufige Werdegang der Individuation nach Jung

Eng verknüpft mit der Entfaltung der psychischen Fähigkeiten, ja analog dazu, gestaltet sich nach Jung die Persönlichkeitsentfaltung – die Individuation – als das Hineinwachsen in Mündigkeit und erweiterte Lebenshorizonte. Vier Stufen sind zu vollziehen: 1) das *Es* als die noch eher unbewusste Existenz, 2) die Wahr-nehmung des *Ich*, 3) die Öffnung zum *Ich-Du*, 4) das Aufgehen im *Wir*.

1) Das Stadium des *Es* bestimmt den Säugling in seiner bloßen Körperlichkeit: z. B. in der Weise, wie er die Lebendigkeit seiner Finger entdeckt oder mit den Augen die Zuwendung aus der Umgebung aufnimmt.
2) Die Entfaltung des *Ich* beginnt mit dem erwachenden Gefühl der Eigenständigkeit. Das Kind erobert seinen Freiraum, beginnt Lust und Unlust zu bekunden. Mit Selbstverständlichkeit erlebt es sich als Mittelpunkt. Diese natürliche „Egozentrik" hat nichts mit Egoismus zu tun: Sie ist das Fluidum, in welchem der Mensch die Originalität und den Reichtum seiner Emotionen ausdrückt, Selbstsicherheit und Selbstwert gewinnt.
3) In der Stufe des *Ich-Du* treten die Belange der Anderen ins Blickfeld und müssen respektiert werden. Es kommt zu Bindungen und damit zu Verpflichtungen; es gilt, sich Ordnungen zu fügen, die nicht nur dem eigenen Nutzen, sondern dem Gemeinwohl dienen. In dieser Stufe wächst der Mensch als Person in die Rolle des Verantwortenden hinein.
4) Das *Wir* – der letzte Schritt der Individuation – besagt, dass der Mensch über sein Ich hinauswachsen muss ins Transpersonale. Es gilt nun, Unwesentliches loszulassen und sich einzulassen auf größere Zusammenhänge, in die wir eingebettet sind. Das soll uns hinführen zu Vergebung und Versöhnung mit allen und allem, und schließlich zu der Aussöhnung mit dem Tod.

Die fünf Wesensbereiche (Entien) nach Paracelsus

Bei *Paracelsus*, dem berühmten Arzt des Mittelalters, finden wir ein interessantes Modell, das zwar primär auf Krankheitsursachen bezogen ist, die sich aber aus fünf verschiedenen Wesensbereichen des Menschen ableiten lassen. Das lateinische Wort für Wesenhaftes, Seiendes ist *Ens*, Mehrzahl Entien. Paracelsus bedient sich der Sprache seiner Zeit. Vom Prinzip her aber finden sich deutliche Parallelen zum Modell von Jung:

1) *Ens naturale*: Gemeint ist der naturhafte Wesensanteil als der Leib, der den Menschen umhüllt wie ein „Firmament" gleich dem Himmelsgewölbe des ptolemäischen Weltbildes.
2) *Ens astrale*: Gemeint ist der Wesensanteil, der für äußere Einflüsse empfänglich ist. Dieses Ens bezieht Paracelsus ausdrücklich nicht auf die Gestirne, sondern auf die wechselnden Kon-*stella*-tionen aus Umwelt und Mitwelt: auf Atmosphärisches und Launenhaftes.
3) *Ens veneni*, zu deutsch: der Wesensbereich des Giftes. Laut Paracelsus ist jedes Ding in Ordnung für sich selbst, in Bezug auf ein anderes aber kann es schädlich sein: „Die Dosis macht's, ob ein Ding *kein* Gift sei." Hier geht es also um das Maß dessen, was der Mensch aufnimmt bzw. auf-sich-nimmt an Fremdem und „schwer Verdaulichem". Das Zuviel kann auch in Sorgen bzw. sozialen Belastungen bestehen – in jeder Herausforderung. Maßhalten war ein zentrales Thema in der Therapie des Mittelalters. Paracelsus wählte das Bild einer ordnenden intelligenten Instanz, des „innewohnenden Alchimisten", der seinen Sitz im Magen hat.
4) *Ens spirituale*: Von diesem Wesensbereich sagt Paracelsus: „Die Seel' ist wund, der Leib nit … arzneiet man aber die Seele, so ist der Mensch gesund." In diesem vierten Ens walten besondere Einflüsse: Heilung durch „Suggestion", d. h. die Vorstellung, dass alles gut ist – aber ebenso das Verwünschen aus der Ferne: „Die Hand trifft den unergriffenen Mann. … So wie Imaginatio gut und bös sein mag, so mag sie auch ebenso gesund machen wie krank."

5) *Ens Dei* bzw. *Ens Deale*: Für Krankheit aus diesem Wesensbereich gilt: „Aus Gott allein, aus dieser Quelle kann und soll alle Not gewendet werden." Denn – so Paracelsus – es gibt Erkrankungen, die zu einem Menschen „aus Gott fließen": „Sie sind eine Sache zwischen Gott und ihm." Hier sollen wir nicht nach Ursachen oder gar Verschulden fragen, sondern den Kranken in Ehrfurcht begleiten.

Die vier ersten Wesensbereiche nennt Paracelsus die „paganischen", das meint: von heidnischer bzw. profaner Natur. Ganz anders das Ens Dei, das die anderen vier Entien überstrahlen soll, denn es ist „von Christlichem Stylus." Im gleichen Sinn hat Paracelsus auch vom Herzen gesprochen: Es ist der Sitz des Göttlichen Funkens.

Die vier Elemente und Temperamente der abendländischen Antike

Zu den Grundpfeilern des Welt- und Menschenverständnisses der Antike gehört die Lehre von den vier klassischen Elementen und Temperamenten. In diesen Naturelementen sahen die alten Griechen die Urstoffe des Kosmos, auf welche alle Erscheinungen zurückzuführen seien. Es sind bekanntlich *Wasser*, *Erde*, *Feuer* und *Luft*. Für jedes von ihnen galten zwei von vier möglichen Ur-Eigenschaften in vier verschiedenen Kombinationen, nämlich kalt bzw. heiß sowie feucht bzw. trocken. Wie man sieht, handelt es sich um Polaritätenpaare: Die Verteilung der Ur-Eigenschaften machte die Elemente zu „Halbgeschwistern" und insgesamt zu einem vernetzten Ganzen:

Wasser	Erde	Feuer	Luft
feucht/kalt	kalt/trocken	trocken/heiß	heiß/feucht

In der Lehre des *Aristoteles* erfuhr das Vier-Elemente-Modell eine Erweiterung um ein Fünftes: den *Äther* als die das All erfüllende „Himmelsluft". Dieser wurde als der wesentlichste unter den Elementen angesehen und spielte als die *Quinta Essentia* eine große Rolle in der Alchimie.

In der *Hippokratischen Medizin* wurde das Elemente-Modell zur Grundlage der Lehre von den vier Körpersäften (lat. „humores") und in Analogie dazu auch der vier klassischen Temperamente: *Phlegmatiker* (Wasser / Schleim); *Choleriker* (Feuer / Galle); *Melancholiker* (Erde / Schwarzgalle); *Sanguiniker* (Luft / Blut). Die vier Temperamente lesen sich wie eine Typologie, die sich durch markante psychische Schwerpunkte auszeichnet: Der Phlegmatiker als der Stand-hafte, dem die Beständigkeit Sicherheit schenkt; der Choleriker, der seine spontanen Affekte ohne Rück- und ohne Voraussicht auslebt; der Melancholiker, den seine Vor-behalte und sein Hinter-fragen einengen; der Sanguiniker, den – bald himmelhoch jauchzend, bald zu Tode betrübt – Leicht-sinn wie Schwer-mut oft ohne Grund ereilen. Aber auch das viergestaffelte Bild der Psyche des Einzelnen wird ablesbar. Den vier Temperamenten wurde später ebenfalls die Quinta Essentia hinzugefügt: *Agrippa von Nettesheim*, Arzt und Mystiker des Mittelalters, erblickte in der fünften Essenz das Essentielle, das die *All-Beseelung* bewirkt.

Die fünf Elemente der Traditionellen Chinesischen Medizin (TCM)

Auch aus der Traditionellen Chinesischen Medizin (TCM) ist ein Elemente-Modell bekannt und zwar als Fünfer-Modell. Nach heutigem Verständnis entsprechen diese „Elemente" fünf Regelkreisen des Organismus, denen jeweils bestimmte Organfunktionen wie auch inhaltlich passende und mit ihnen in Wechselwirkung stehende psychische Bilder zugeordnet werden. Die Kenntnis dieser spezifischen

Wechselbeziehungen wäre auch für die moderne westliche Psychosomatik von Vorteil. Es finden sich interessante Anklänge an die antike Temperamentenlehre: Eines der Elemente ist durch Beharrlichkeit und Bedürfnis nach Sicherheit („Angst") gekennzeichnet; ein weiteres durch Bewegungsdynamik, aber auch durch „Wut und Zorn", übereinstimmend mit der Cholerik; für ein drittes gelten Prozesse der Verarbeitung (somatisch: Verdauung; psychisch: „Grübeln"); zum vierten Element zählen die Atmung als der symbiontische Luft-Austausch mit der Außenwelt sowie die innere Symbiose mit der Darmflora, die hier zugehörige psychische Ausdrucksweise ist als „Traurigkeit" überliefert - die Wehmut des Loslassens. Das fünfte, das Herz-Element, das den Lebenspuls spendet, zeichnet sich durch die Freude aus und hat als einziges Zugang zu *Shen*, dem Geistigen.

Die Symbolnamen der Hebräischen Zahlen

Trotz der bemerkenswerten Übereinstimmungen unter den vorgestellten Modellen mag sich der Leser fragen, ob unsere Eins-bis-fünf-Nummerierung willkürlich ist. Werfen wir deshalb einen Blick auf das im Judentum tradierte Wissen um die Zahlensymbolik.

Bekanntlich gibt es im Hebräischen keine Ziffern, sondern jeder Buchstabe steht zugleich für einen bestimmten Zahlenwert. Buchstabe samt Zahl sind gekennzeichnet durch einen gemeinsamen Namen, der noch aus Nomadenzeiten stammt. Ich beziehe mich auf die Kommentare des jüdischen Philosophen *Friedrich Weinreb*.

1 = *Alef* א mit der Bedeutung „Stierkopf". Das Besondere dieses Buchstabens, der den Anfang der Reihe bildet, ist seine Unaussprechbarkeit: Steht er am Wortbeginn, so bleibt er stumm oder wird nur gehaucht. Die Griechen haben dann

die hebräischen Bezeichnungen für ihr eigenes Alphabet entlehnt; daher das Alpha, welches ja für den Ursprung gilt.

2 = *Beth* ב mit der Bedeutung „Haus“. Im zweiten Schritt – so Weinreb – hat der Mensch schon in der Welt „Wohnung“ genommen und sich häuslich eingerichtet. Das Schriftzeichen mit seinen beiden Fähnchen oben und unten veranschaulicht die Zwei-heit, als Polarität zwischen Ich und Umwelt.

3 = *Gimel* ג mit der Bedeutung „Kamel“: das genügsame Arbeitstier, das seinen eigenen Wasservorrat mit sich durch die Wüste schleppt. Zugleich ist es das Wiederkäuende; man denke an die entsprechende Doppelbedeutung des englischen Wortes worry (würgen) für Grübeln.

4 = *Daleth* ד mit der Bedeutung „Tür“. Weinreb sieht hier die Schwingtür des Schafstalls, die sich in beide Richtungen auftut, nach Außen wie nach Innen.

5 = *He* ה. Das ist das Fenster. „Durch das Fenster scheint das Licht herein…“ Das Fünfte vermittelt ein eigenes Strahlen, wie aus einer jenseitigen Dimension. Hier dürfen wir an das Leuchten des himmlischen Jerusalem denken.

Die vier symbolischen Lebewesen und die Sphinx

Zum geistigen Erbe des Abendlandes gehört das Wissen um die Symbolik von vier „geflügelten“ Lebewesen: von *Stier*, *Löwe*, *Mensch* und *Adler*. Diese vier treten in der prophetischen Schau der Bibel auf, sowohl bei Ezechiel als auch in der Johannes-Offenbarung. Auch wurden sie den vier Evangelisten als Kenn- und Wappengestalten zugeordnet: dem Lukas der Stier, dem Markus der Löwe, dem Matthäus der Mensch und dem Johannes der Adler.

Der *Stier* ist von alters her Sinnbild für Fruchtbarkeit und massive Körperkraft wie auch für Bodenständigkeit. Von den vier Lebewesen ist er ohne Zweifel derjenige, der dem „Es" und dem natürlichen Leibbezug am nächsten kommt.

Der *Löwe* gilt als der König der Tiere; er stellt souveräne Würde, Herrschaftsanspruch wie auch Geschmeidigkeit zur Schau. Er symbolisiert den unanfechtbaren Selbstwert.

Das dritte Wesen ist nicht als Engel zu deuten, sondern steht für den *Menschen* selbst als den Weitblickenden, Denkenden: Was ihn beflügelt, ist seine Bewusstheit.

Der *Adler* schließlich ist der König der Lüfte. Sein Geheimnis liegt nicht zuletzt darin, dass mit ihm auch der legendäre Phönix gemeint ist, welcher feuer-geläutert aus der eigenen Asche lebendig neu ersteht.

In der rätselhaften *Sphinx* nun verschmelzen Stier, Löwe, Mensch und Adler, die geradezu unvereinbar scheinen, auf mystische Weise zu einem Ganzen. Das sich in vier Wesen darstellende Äußere der Sphinx symbolisiert in Wahrheit die Seelen-Gestalt des Menschen. Der Stier mit seinem ausladenden Hinterteil verleiht das leibliche Fundament. Dem Löwen verdankt das Fabelwesen seinen imponierenden Schultergürtel, den Schmuck seiner Mähne, das Majestätische seiner Erscheinung. Vom Menschen offenbart die Sphinx die edlen Züge des Gesichts, die Denkerstirn. Doch erst der Adler macht sie zu dem Wesen, das das Irdische zu transzendieren vermag.

Die Lösung des Rätsels vom Leben, das der Anblick der Sphinx dem vorbeiziehenden Wanderer stellt, lautet *Conjunctio*: harmonische Vereinigung und Verwirklichung der vier Wesensaspekte des Menschen zum Fünften, der *Quinta Essentia*.

Die vier Dimensionen des Menschheits-Bewusstseins nach Jean Gebser

Es ist anzunehmen, dass zwischen der Bewusstseins-Evolution der Menschheit und den vier Entfaltungsschritten des Einzelnen eine Parallele besteht. Während die körperliche Gestalt der Spezies Mensch weitgehend fertig entwickelt sein dürfte, ist für die Menschheit der Prozess der Bewusstwerdung keineswegs abgeschlossen. Für diese Behauptung beziehe ich mich auf den bereits erwähnten Philosophen *Jean Gebser*, der sich für eine in vier Stufen aufsteigende Entfaltung des Bewusstseins verbürgt.

Gebser sprach von *Dimensionen* des Bewusstseins. Die Dimensionenfolge ist aus der Geometrie geläufig: 1) Strecke = Länge, 2) Fläche = Breite, 3) Raum = Höhe, 4) das geometrisch nicht Darstellbare = die „lichte Weite" des Innen. Mit jeder Dimension wird eine weitere Richtung „vollziehbar". Jede neue Erschließung ist originär; sie setzt jeweils das Bisherige voraus, lässt sich jedoch nicht daraus ableiten. Die vierte geometrische Dimension mag als eine Raum-Verdrillung, als eine Innen-Stülpung vorstellbar sein. Bei Paulus (Eph 3,18f) finden wir vier „Ermessens-Koordinaten", um die Liebe Christi erahnen zu können: nämlich Länge, Breite, Höhe – sowie als vierte die „Tiefe" als das zutiefst Inwendige.

Gebser sah keine gleitende, kontinuierliche Entwicklung unter den Bewusstseinsdimensionen, sondern Sprünge von Stufe zu Stufe, bei denen jeweils das völlig Neue auf den Plan trat – dies nannte er Mutation. In der heutigen Evolutionswissenschaft spricht man von *Emergenz*. Nach Gebsers Deutung werden die evolutiven Sprünge des Menschheits-Bewusstseins dadurch ausgelöst, dass die jeweils herrschende Dimension in die *Defizienz*, an den Rand der Sinn-Entleerung gelangt ist – an einen „toten Punkt". Dann tut sich ein ungeahnter Ausweg aus der Stagnation auf.

Gebser benennt die Bewusstseinsdimensionen wie folgt: 1) *magisch*, 2) *mythisch*, 3) *mental-kognitiv*, 4) *integral-diaphan*. Er vermutet eine darüber hinausgehende fünfte Dimension, die sich aber bislang jeder Beschreibung entzieht.

1) Das *magische* Bewusstsein betrifft die Stufe des Steinzeit-Menschen in seinem völligen Eingebunden- und Verschmolzensein mit der umgebenden Natur. Er lebte „zeitlos" und „traumlos", d. h. ohne Selbst-Reflexion. Die Magie diente ihm als Umgang mit den Naturgewalten, auch um das zu erlegende Wild zu bannen. Das Aufkommen magischer Praktiken jedoch, um Macht gegen Feinde ausüben zu können – Hexerei, wie aus primitiven Kulturen und aus vielen Märchen bekannt – wertet Gebser als die hier sich auswirkende Defizienz.

2) Im *mythischen* Bewusstsein er-lebt und er-fühlt sich nunmehr der Mensch mittels der im Tageslauf wahrgenommenen Ereignisse, die sich als sein individueller Lebenslauf aneinander reihen. Ein Gefühl für Zeit ist da und Träume werden erinnert. Hier datiert Gebser die Entstehung der Mythen und Sagen – das Mit-Erleben und -Erleiden der schillernden Taten und emotionsgeladenen Dramen von Göttern und Idolen. Als die Kultur der Mythen verflachte, indem ihre geheimnisvollen Aussagen kein Echo mehr in der Seele auslösten, hatte sich – so Gebser – auch die zweite Bewusstseinsstufe überlebt.

3) Der dritte Schritt betrifft das uns geläufige *mental-kognitive* Bewusstsein, dem wir unsere heutigen wissenschaftlichen und technischen Errungenschaften verdanken. Laut Gebser begann es mit einem neuartigen dreidimensionalen Sehen, d. h. dem Bewusstwerden von Tiefenwirkung samt der vorher unbekannten Perspektive in der Malerei. Die heutige Defizienz, ja Dekadenz des kognitiven Bewussteins lässt sich nicht mehr überse-

hen: Die Sinnentleerung ist in den 40 Jahren seit Gebsers Aussagen noch krasser geworden. Die Auswüchse von Technik und Wissenschaft sind so überzogen, dass wir nicht nur das Leben auf dem Planeten Erde durch Gen-Manipulation verunstalten, sondern die gesamte Zivilisation durch Atom-Explosion auslöschen können. Wir treiben geradezu apokalyptischen Zuständen entgegen. Der Begriff Apokalypse meint aber nicht Weltuntergang, sondern steht für Offenbarung, Offenlegung, Aufdeckung – d.h. Bewusstmachung. In der mythischen Darstellung der jüdischen und griechischen Tradition werden hierbei Symbol-Bilder verwendet, die uns heute nicht mehr vertraut sind. Sie beziehen sich auf Krisen der Menschheit, so wie sie auch der Einzelne zu bewältigen hat: Je gewaltiger die aufgestauten Spannungen, um so dramatischer die Entladung. Als Ende und Ziel aber entwirft die Johannes-Offenbarung das strahlende Bild einer von allem Leid erlösten Menschheit.

4) *Integral-diaphanes* Bewusstsein: Mit seiner genialen Schau einer Bewusstseinsöffnung jenseits des Rationalen war Gebser seiner Zeit weit voraus. Die von ihm geprägten Begriffe umschreiben Neues, womit wir uns erst vertraut machen müssen. Mit *integral* – zu deutsch: vollständig, ganz – will Gebser ein mit dem vierten Bewusstsein auftretendes *Gewahren* charakterisieren, welches Zusammengehörigkeiten und Übereinstimmungen erfasst und die Dinge jeweils als Teile übergreifender Ganzheiten sieht. Für diesen Zugang wählte er die prozessuale Partizipform *gänzlichend*: bescheidener als das heute überall propagierte Motto „ganzheitlich".

Zum Ganzen gehört laut Gebser zunächst einmal alles Wissen, das sich die Menschheit in früheren Bewusstseinsstufen angeeignet hat. In diesem Sinne definiert Gebser integral als „alles Bisherige enthaltend und aufeinander abstimmend".

Auch altes Menschheitswissen darf und soll wieder aufgegriffen werden, freilich unter Abstreifen alles Defizitären und in Vereinbarkeit mit den heutigen Erkenntnissen.

Zum Ganzen gehört aus meiner Sicht beides, Innen wie Außen. Die neue Richtung, die sich dem vierten Bewusstsein eröffnet, weist nach innen – analog zur Innen-Wendung der vierten geometrischen Dimension. Das Äußere ist die Verschlüsselung des Inneren; das Innere ist der Wesensgehalt des Äußeren. *Diaphan* als das zweite Kennwort Gebsers für diese Dimension bedeutet wörtlich: durchsichtig, durchschaubar, offen-bart. Ein neuartiges Offenlegen und Ans-Licht-Bringen vermag das bisher unter der Oberfläche Verborgene aufzudecken: sinnvolle Zusammenhänge wie auch geheime Verknüpfungen in sämtlichen Lebensbereichen. Wie sehr Gebser recht hatte, durchschauen wir heute im Blick auf die ökologische Gesamt-Abstimmung in der Natur wie auch in der globalen Vernetzung, die über frühere Beziehungsformen hinausgeht, ja diese transzendiert. Verdecktes wird nunmehr wahrnehmbar, so dass auch das im Unterbewussten des Einzelnen wie der Menschheit Schlummernde angeschaut und aufgearbeitet werden kann. Alles, was offenbar wird, ist Licht, sagt Paulus (Eph 5, 14). Durch „Klarsicht“ wandelt sich auch unsere Lebensführung weg von Oberflächlichkeit – hin zum Tiefgang.

Gebser benennt noch ein weiteres Wahr-nehmen im Vierten Bewusstsein: die *Zeitfreiheit*. Nicht dass sich der Mensch aus der Zeit-Bindung herauslöst, ist gemeint, sondern die Zeit „überkommt“ ihn als die Ereignis-bewirkende Qualität. Diese Zeitqualität ist frei von aller Kausalität und Linearität; sie kommt uns mit ihren vielen Angeboten geradezu entgegen. Denn der Kairos wirkt *vom Ziel her*: Im fälligen Moment wartet er auf mit un-erwarteten Lösungen und „Zu-fällen“ bzw. mit Ereignis-Häufungen. Synchronismen sind laut *Jung* zumeist mit einer Botschaft verbunden.

Mit Gebser dürfen wir aus vielen Anzeichen schließen, dass die „Mutation" zum integralen Zeitalter die Jetzt-Zeit betrifft. Schon 1980 hat der weise *Enomiya-Lasalle*, ein überzeugter Gebser-Anhänger, auf einem Symposium für Transpersonale Psychologie diesen sprunghaften Umschwung angekündigt: Dreimal rief er aus: „It comes like a jump!"

Ich meine sogar, dass Diaphanes schon am Wirken war, als *Michail Gorbatschov* Mitte der 1980er Jahre das Motto „Glasnost" (russisch für: Durchschauen) prägte – ein Begriff, der die Wende und die unblutige Wiedervereinigung Deutschlands einleitete. Wir haben heute auch „diaphane" Zustände in dem Sinne, dass sich über die Internet-Technik nichts mehr geheimhalten lässt; Skandale decken jahrzehntelang vertuschte Missstände auf. Ein neuer spielerischer Umgang mit dem Virtuellen beschränkt sich nicht nur auf die Medien, sondern hat die ganze Gesellschaft, vor allem die Jugend, erfasst. Bisher geltende Formen des Zusammenlebens werden infrage gestellt. Freilich ist nichts allein schon deshalb gut, weil es neu ist: Im Sinne von Paulus stellen wir fest: „Es ist alles erlaubt, aber nicht alles baut auf". Das gilt bis hin zur modernen Kunst, die viel mit Effekten experimentiert, die eher Zerrissenheit statt Beseeltheit ausdrücken. *Picasso* suchte hingegen das Ganze einzufangen, indem er bei Gesichtern Vorderansicht und Profil gleichzeitig darstellte.

Das Integrale Bewusstsein gleicht für mich einer Zukunftsvision: Aus innerem Wissen werden Nachfolge-Generationen in das Neue hineinwachsen und es sinnvoll gestalten. Sie werden kein Verständnis mehr haben für Machtansprüche der Nationen und der Wirtschaftskonzerne, und die Würde des Menschen wird wieder im Mittelpunkt stehen. Ich bin gewiss, dass auch eine Rückbesinnung auf das Evangelium kommt. Ich sehe im aufkommenden Zeitalter eine Chance, das Urchristliche neu zu beleben dank zunehmender mystischer Innen-Erfahrung: Immer mehr Menschen bejahen sich als Glieder des einen Leibes; Diaphanes wird erlebbar im Aufscheinen der Nähe Gottes in der Gemeinschaft des Mahles.

Was bedeutet es mir, alle diese Übereinstimmungen zu kennen?

Es hilft mir, an mich selbst zu glauben als „eine wunderbare Möglichkeit“ eingedenk all dessen, was in mich hineingelegt ist. Ich passe in das Ganze – und alle anderen Menschen ebenso. Es ist wichtig, mir dies immer wieder zu vergegenwärtigen. Dieses Wissen hilft mir auch, das Verhalten meiner Mitmenschen – selbst wenn sie mich irritieren – zu verstehen und nicht persönlich zu nehmen. Mir kommt nicht die Rolle einer Ordnungshüterin zu, sondern einer Dienerin der Gesamtübereinstimmung.

Mich an der Vision einer sinnvollen und zielführenden Weisheit der Schöpfung zu orientieren, eröffnet mir neue Perspektiven und Impulse für mein eigenes Leben. Ich bewundere die offene „chaotische“ Vielfalt und die dennoch im Ganzen waltende Ordnung. Denn verheißen ist das Zusammenfinden in der Harmonie des krönenden Fünften. Zu-nächst aber steht die Verwirklichung des Vierten Bewusstseins an. Der Zeiger der Weltenuhr ist dem Zeitalter der „Zeitigung“, des Kairos, entscheidend näher gerückt. Dass ich den Anbruch der vierten Dimension des Menschheits-Bewusstseins noch miterleben darf, beglückt mich.

Ich beklage, dass in unserer heutigen Schulbildung die „Aufklärung“ über das Leiblich-Sexuelle so viel Raum einnimmt, während die Unabdingbarkeit der Würde des Menschen, seines Bewusstseins und seines Lebensentwurfes übergangen und allenfalls im Religions- oder Ethik-Unterricht erwähnt werden. Wenn wir alle von klein auf über unser wahres Wesen, unsere Leib-Seele-Geist-Beschaffenheit und deren weite Möglichkeiten aufgeklärt würden, dann gäbe es eine friedlichere Zukunft der Menschheit.

Das Phänomen der Selbstspiegelungen

Ein weiteres Thema, das dieses Kapitel betrifft, ist das Phänomen der Selbstspiegelung des Ganzen in Teilen seiner selbst. Dies lässt sich bereits am menschlichen Körper betrachten. Unserem Leib ist mehrfach die eigene Grundinformation ein- bzw. aufprogrammiert. Das Lebewesen Mensch ist ein Ganzes, und als solches birgt es die Information des Ganzen nicht nur in jeder Zelle, sondern offenbart sie in codierter Form auch in umgrenzten Körperbereichen. Als erstes wurden die Projektionsfelder auf der Gehirnrinde entdeckt, denen man den treffenden Namen *Homunculus* (Miniaturmensch) gegeben hat. Zu den Selbstabbildungen gehören aber auch die sogenannten *Mikrosysteme* oder *Somatotopien*: die Fußreflexzonen, die Punkte-Kartografie der Ohrmuschel (Aurikulotherapie) sowie weitere Funktionsbilder am Schädel, in der Mundhöhle, auf der Zunge, auf der Iris etc. Alle diese Mikrosysteme spiegeln den Menschen und sind doch in ihrem Erscheinungsbild grundverschieden. Denn jedes Mikro-Abbild hat – anders kann man es nicht ausdrücken – seine eigene „Handschrift". Hierbei müssen unsere Vorstellungen von Ähnlichkeit, Maßstabs- und Abbildungstreue zurücktreten; vielmehr scheint es um die „Treue" des abbild-tragenden Körperteils zu sich und seinen spezifischen Ausdrucksmöglichkeiten zu gehen.

Und hier schließt sich der Kreis zum Stellenwert eines jeden menschlichen Individuums. Denn so wie die Mikrosysteme gerade in ihrer Verschiedenheit sämtlich ihr Gesamtwesen, den Menschen, wiedergeben, so ist auch jeder einzelne Mensch – in den Worten von *Novalis* – eine Analogiequelle für das Weltall.

Das Ganze ist offensichtlich keine bloße Summe seiner Teile, sondern steht für das Zusammengehen aller Teile in gegenseitiger Übereinstimmung. Die Botschaft des Ganzen von sich selbst – wie sollte sie anders lauten als Ganzheit? In seiner Ungeteiltheit prägt das Ganze diese Botschaft selbst dem letzten seiner Teile auf. In alledem ist das begründet, was die Bibel die Ebenbildlichkeit Gottes im Menschen nennt.

Intuition und Traum-Erleben

Mit jener Ebene, die unseren diaphan-integralen Wesensbereich ausmacht, sollten wir uns näher bekannt machen und die Unterschiede zur dritten, unserer kognitiven Ebene benennen. Der Gegensatz entspricht der Gegenüberstellung von linker und rechter Gehirnhälfte: auf der linken Seite Deduktion und Analyse, auf der rechten Induktion und Synthese. Die unterschiedliche Bewertung in den beiden Hirnhemisphären ermöglicht der kognitiven linken Hälfte das Erfassen des Quantitativen sowie der integralen rechten Hälfte den Zugang zum Qualitativen. Dies ist ein kardinaler Unterschied, der das Erkennen und Gewahren samt allem daraus erwachsenden Handeln bestimmt.

Das folgende mathematische Beispiel mag, wenn auch laienhaft, dies erläutern: Die Angabe 0,75 auf einer Skala (Grammzahl, Pegelstand) bezeichnet eine bestimmte Menge: eine quantitative Aussage. Demgegenüber ist bei der Bruchzahl ¾ unausgesprochen die Vorstellung des Ganzen inbegriffen, von welchem allerdings eines der Viertel nicht verfügbar ist. Dass es sich bei den vier Anteilen um Viertel handelt, ist eine qualitative Aussage: Kraft ihrer Zusammengehörigkeit sind sie auf einen gemeinsamen Nenner gebracht. Mit der Frage nach dem tatsächlich Vorhandenem oder dem Fehlenden berühren wir den Gegensatz zwischen Nahem und Fernem, die Polarität zwischen Geoffenbartem und Verborgenem.

Als kleines Schulmädchen habe ich meine Mutter gefragt: Was ist die höchste Zahl? Sie antwortete: Es gibt keine höchste Zahl, denn man kann immer noch Eins hinzuzählen. Das verwirrte mich, aber ich musste meiner Mutter rechtgeben. Desgleichen gibt es auch keine kleinste Einheit: Wir können das Atom in immer noch kleinere Bausteine spalten. Auch können wir bei den Fraktal-Bildern durch Skalierung so „tief“ schürfen, wie wir wollen: Die *Mandelbrot*-Menge (am bekanntesten ist das an die menschliche Gestalt erinnernde „Apfelmännchen“) taucht unablässig neu empor. So nahe wir auch bei Unendlich angelangt sein mögen – es lässt sich nicht fassen. Wir müssen uns fragen: Was ist das – Unendlich? Ist es Quantität oder Qualität?

Unser Kognitives Bewusstsein, so können wir behaupten, orientiert sich an dem, was sich – schrittweise – *ansparen* lässt; es definiert den Ist-Bestand, mit anderen Worten: das Diesseitige und Reale – das „Weltliche“. Unserem Integralen Bewusstsein leuchtet demgegenüber das *Ausgesparte* hindurch: Hier ist jede Aussage „gänzlichend“, weil sie den indirekten Hinweis auf das Vorhandensein des Nichtvorhandenen – des „Über-weltlichen“ – einschließt. So lässt sich auch das, was die diesseitige Realität, Greifbarkeit und Be-greifbarkeit transzendiert, als der „unsichtbare“ Anteil des Ganzen erfahren.

Kognitive Erkenntnis bedient sich, wie gesagt, der Analyse, d. h. der Unterscheidung von Ursache und Wirkung sowie der reduktionistischen Rückführung der Objekte auf ihre Teile. Ohne dieses Begreifen aus der objektiven Distanz wäre die Menschheit nie zu ihren grandiosen Fortschritten gelangt. Wenn aber das Trennen zum Prinzip wird, erlebt sich folgerichtig auch der Mensch als abgeteilt und einsam. Hingegen erweckt Ganzheitsbezug, wie er im Integralen Bewusstsein aufscheint, das Gespür von Zugehörigkeit, von Teil-habe: das Ahnen des Einzelnen, dass er sogar ein wichtiges Teilchen im großen Mosaik ist. Das führt zum Mit-Freuen an all dem Schönen in der Welt, aber auch zur Mit-Verpflichtung gegenüber der ganzen Menschheit und der Erde.

Auch in der Natur finden sich beeindruckende Gesamtheiten, die die Qualität vorbehaltloser Teilhabe am Ganzen verwirklichen, z. B. die Insektenvölker oder die Fisch- und Vogelschwärme. Obwohl diese aus unzähligen Individuen bestehen, betragen sie sich wie ein gemeinschaftlicher Organismus: Der gesamte Schwarm bewegt sich als Ganzes, er führt spontane Manöver aus, ohne dass die einzelnen Tiere je zusammenstoßen. Bei solchen Haufen oder Trauben ist heute bereits die Rede von einer *Schwarmintelligenz*, deren „Sitz" bislang ungeklärt ist. Eines ist sicher: Eine Absonderung der Teile vom Schwarm gefährdet ihr Überleben.

In phänomenologischer Sicht ist z. B. ein Gewitter nicht nur ein von Blitz und Donner begleiteter Regenguss, sondern ein Gesamtgeschehen: Es beginnt mit drückender, sich verdüsternder atmosphärischer Spannung, die sich schließlich in einer befreienden Klarheit erfüllt, wie sie *Beethoven* in der Hirtenmelodie seiner Pastorale eingefangen hat. Und der „ganze" Storch ist mehr als der stelzende Vogel mit langem Schnabel; denn nicht minder charakterisiert ihn die Dimension seiner Flugbahn, durch die er teils in Afrika, teils in Europa zu Hause ist.

Während in unserer linken Gehirnhälfte die Fähigkeiten des Logisch-Analytischen zentriert sind, findet sich in der rechten Hemisphäre die Gabe des „Erkennens" unabhängig vom Intellekt. Zitieren wir hierzu *Carl Ludwig Schleich*, den berühmten Arzt der 1920er Jahre und Begründer der Lokalanästhesie: Er nennt das Besondere der rechten Hirnhemisphäre die *Phantasie* als die „umschillernden Reflexionen, die das Reale phantasievoll umflattern … eine blitzartige Durchströmung von lauter Ähnlichkeiten … die die reelle Wahrnehmung zwingend verknüpft mit allen erinnerten Gewissheiten der Vergangenheit und allen Möglichkeiten der Zukunft." Phantasie ist in diesem Sinne nichts Erfundenes, sondern ein Wieder-Finden: ein Assoziieren des momentanen Eindrucks mit bereits Vertrautem durch „Anzapfen" zweier besonderer Erkenntnisquellen: zum einen des universalen Speichers sämtlicher Vor-Erfahrungen, auch der unbewussten; zum anderen aber – und dies ist das Frappierende – eines offenbar zugänglichen „Pools" aller latenten, bisher noch ungeschauten Möglichkeiten.

Schleich umschreibt also mit anderen Worten dasselbe, was *Jung* als Intuition definierte. Indem diese nicht schrittweise schlussfolgert, sondern „auf einen Blick" erfasst, wird dem Menschen freilich nicht bewusst, wo solches „Wissen" herkommt: Es wird bildhaft „gesehen" oder als eine Botschaft „gehört" – immer als Ganzes.

Was unser Verstand erkennt, ist schlüssig und ein-deutig; und doch lauern hier Hinterfragen und Zweifel. Was hingegen intuitiv „einfällt", ist ver-schlüsselt und oft viel-deutig und dennoch begleitet von einer nicht begründbaren Gewissheit, dass die Botschaft im Kern zutrifft. Intuitionen haben – abgesehen von den „großen" Gesichten der Menschheitsprophetie – zumeist keine kollektive Gültigkeit, sondern meinen den Einzelnen in seiner aktuellen Situation. Solche Botschaften kommen oft „durch" als Lebenshilfe, z. B. als richtungweisender Fingerzeig in einer Entscheidungsfrage. Es sind oft Ausnahme-Situationen mit dringlichem Handlungsbedarf, in denen unvermittelt eine Warnung aufzuckt. Hier würde der „Umweg" über die Denk-Kette wertvolle Zeit kosten. Viele mögen es kennen, wie ein jähes Warnsignal, das wir erst im Nachhinein begriffen, uns aus akuter Gefährdung gerettet hat. Derartigen Warnungen heißt es augenblicklich zu gehorchen, bevor der Verstand mit seinen Vorbehalten auf den Plan tritt. Denn die Blitz-Eingebung lässt sich kein zweites Mal abrufen; man kann sie nur dankbar aufgreifen, oder aber verwerfen.

Es bleibt allerdings immer eine Gratwanderung zwischen Täuschung und Echtheit – eben das, was *Paracelsus* als Suggestion beschrieb: Selbsttäuschung wie auch gezielte

Beeinflussung anderer. Die heutige globale Vernetzung und Internet-Abhängigkeit öffnet der großflächigen Manipulation Tür und Tor, beginnend bei der Werbung bis hin zur betrügerischen Wahlkampfsteuerung. Mehr denn je sind wir heute zur Unterscheidung der Geister aufgerufen!

Ein lebenswichtiger Aspekt der Intuition sind unsere *Ahnungen*: ein nicht bezweifelbares Vorauswissen von Ereignissen, die uns nahe angehen. Wie oft haben in Kriegszeiten Mütter es zur selben Stunde gespürt, als ihren Sohn das Unheil traf, noch ehe die Nachricht kam. Bemerkenswert sind die Forschungen der Londoner Psychiaterin *Susan Bach*, wie sie von *Elisabeth Kübler-Ross* in der Sterbebegleitung umgesetzt wurden. Unser Unbewusstes weiß offensichtlich Bescheid über das, was nahe bevorsteht; das gilt insbesondere für die todesnahe Phase. Dieses Ahnen verrät sich sehr deutlich bei sterbenden Kindern, wenn man sie – ohne Vorgabe eines Themas – spontane Bilder zeichnen lässt. Kübler-Ross deutete die Bilder gemäß Bachs Erkenntnis, dass sich aus der Anordnung der aufscheinenden Motive vier Zeit-Qualitäten ablesen lassen: Links unten können sich Symbolbezüge zur Vergangenheit des Probanden finden; links oben für Zukünftiges; rechts oben gilt der Gegenwart; die im Rechts-Unten-Feld gemalten Motive aber zeigen verschlüsselt das unmittelbar Bevorstehende an, das an der Ereignisschwelle *entgegen-wartet*. Malte das Kind etwas Vitales (Baum, Blume), so deutete dies hin auf spontane Besserung entgegen der ärztlichen Prognose; ein zittriges Rechteck oder Kreuz kündigten hingegen den baldigen Tod des kleinen Patienten an, selbst wenn sich Befinden und Laborwerte gebessert hatten.

Sterbende wissen demnach sehr wohl, dass ihr Heimgang bevorsteht, auch wenn ihre Umgebung es ihnen zu verheimlichen sucht – womöglich aus eigener Todesangst. So sehen sich unsere Lieben in der entscheidenden Phase des Abschieds oft allein gelassen. Kübler-Ross hat es in ihren Seminaren sehr deutlich gemacht: Nur ein einziges Mal, sagte sie, wird uns der Todkranke eine Fangfrage stellen; weichen wir aus, so sucht er weiter, bis er eine Vertrauensperson findet, der er sich öffnen kann – oft sogar jemand Fremden. Wir sollen deshalb nicht davonlaufen, sondern müssen uns ein Herz fassen und rückfragen: „Kann ich noch etwas für dich tun?“ Uns werden dann „unerledigte Geschäfte“ aufgetragen, z. B. ein offenes Versprechen oder eine unerlöste Beziehung, die den Sterbenden quälen. Er kann dann friedvoller Gott sein Leben zurückgeben.

Einen aufschlussreichen Schlüssel zum „Phantasie-Bereich“ bietet das Traum-Erleben: fürwahr eine Welt unlogischer und unwahrscheinlicher Bilder. Verschiedene Personen und Situationen gehen unvermittelt ineinander über, und manches Geschehnis ist vertraut oder gar vorweg bekannt. Traum und Wirklichkeit empfinden wir als polare Gegensätze – nicht aber Traum und *Wahrheit*. Viele nächtliche Gesichte sind von eindringlicher Nähe und Verdichtung. Der Traum selbst freilich ist die Wahrheit nicht, vielmehr ist er Umhüllung: Das Wesentliche ist die in ihm verborgene Botschaft.

In der Regel dürfen wir unsere Träume als Momentaufnahmen unserer derzeitigen Situation deuten, auch der körperlichen, etwa nach einem üppigen Abendessen. Träume können wegweisend für die nächsten Schritte sein. Es ist naheliegend, dass wir nach ihrer Deutung verlangen. Dabei müssen wir jedoch feststellen, dass Träume sich dem Grübeln des Verstandes verschließen: Je angestrengter wir sie zu rekonstruieren versuchen, desto mehr verflüchtigt sich das Erlebte. Es kommt aber nicht auf unser Verstanden-Haben an, sondern auf unser Einverstanden-Sein. Unser „Gefühl“ im Moment des Aufwachens ist oft schon eine Aussage in sich: entweder ein gutes mit der Gewissheit einer glücklichen Lösung, oder aber ein ungutes, unbefriedigendes.

Sollten wir mit dem problematischen Ausgang eines Traumes nicht einverstanden sein, so dürfen wir ihn übrigens in ernsthafter Meditation „um-träumen“ und eine andere Wendung visualisieren. Auch solches versteht die Psyche und es gereicht ihr zur leichteren Bewältigung.

Im Grunde träumen wir uns selbst in der Vielfalt unserer so widersprüchlichen innerseelischen Strömungen, welche in den geträumten Gestalten ihre Personifizierung finden: Ihre Eigennamen, ihr uns bekannter Charakter und ihr geträumtes Benehmen sind meist eindeutig genug, um uns gehörig den Spiegel vorzuhalten. Die Szenen „sprechen“ für sich, und daher sollten wir sie jemand Vertrautem erzählen, welcher dann die Sache auf den Punkt bringt, weil ihm zusätzliche Assoziationen einfallen. Zum Beispiel bringt ein Auto-Reifen im Traum das „Reifen“ des Selbst (Auto) ins Bild. Ein andermal hatte ich mich immerfort kreuz und quer über eine Hecke springend geträumt. Darauf mein Mann: „Ja, du bist auch in letzter Zeit sehr *hektisch*.“ Viele Menschen führen ein Tagebuch. Ein bereit liegendes „Nachtbuch“ aber für Einträge auch um Mitternacht könnte viel aufschlussreicher sein.

Die dargestellten Fähigkeiten und Phänomene unseres vierten, ganzheitsbezogenen Wesensbereiches verhelfen uns, unseren Horizont zu erweitern und Grenzen hinter uns zu lassen. Die Zahl Vier trägt im Hebräischen – wie gesagt – den Namen ‚daleth', d.h. die Tür, die Pforte. Unser Entfaltungsweg will an das heranführen, was jenseits der Pforte liegt und über die irdischen Belange hinausweist. Sich einzulassen auf Intuition und Diaphanes ist nicht erst im Lebensherbst fällig, sondern wird das ganze Leben hindurch eingefordert in den nicht ausbleibenden Verlust-Erlebnissen, den „kleinen Toden“, wie Elisabeth Kübler-Ross sie nennt. Immer mehr „Blätter“ sollen wir abwerfen und auf unsere seelisch-geistige Ernte hinleben.

Im Hinblick auf unseren Gesamt-Lebensbogen stellt sich die Frage: Ist alles vorherbestimmt oder kann der Mensch sein Schicksal selbst gestalten? Wie weit reichen sein *Wille* und seine *Freiheit*? Für die Reihe der vier Lebensbereiche lässt sich folgern: Auf der ersten, der körperlichen Ebene herrscht der Wille als der intentionale Drang, die leibliche Existenz zu leben. Auf der zweiten, bereits personalen Stufe erhebt sich der Anspruch auf Freiheit der Selbstverwirklichung im Eigen-Terrain – oftmals auf Kosten der Freiheit anderer. Auf der dritten, der mentalen Stufe der Verantwortlichkeit ist Willens-freiheit ein Ideal innerhalb der Grenzen unserer sozialen Bindung wie auch der Schicksalsgebundenheit. Der Ausblick in das vierte integrale Bewusstsein jedoch führt uns in die Frei-willigkeit als eine Vertrauens-Geborgenheit, die aus der größeren Zugehörigkeit erwächst. Eben dies meint *Martin Luther* mit der Freiheit des Christenmenschen: Niemandem untertan, und doch jedermann untertan.

Freude und Ewiges Leben

Viele Menschen können es sich nicht vorstellen, dass unsere Existenz nach dem Tode weitergeht, für sie ist mit dem letzten Atemzug alles aus und vorbei: Es bleibt allenfalls das Gedenken an uns, vielleicht auch Ruhm, wenn wir einen besonderen Beitrag für die Menschheit erbracht haben. Der Christ glaubt an seine Auferstehung am Jüngsten Tag – in verklärter Gestalt. Für andere ist es gut denkbar, dass sie den leiblichen Tod körperbefreit überleben, indem ihre Seele, ihr Bewusstsein nahtlos weiter existiert, weil ja im Universum keine Energien verloren gehen können. Und schließlich ist da der Gedanke an die Reinkarnation, die uns in einer Kette von Erdenleben ausreichend Chancen gibt, alles zu einem guten Ende zu führen. Es ist müßig, hierüber zu streiten und rigide Standpunkte zu beziehen. Warten wir ab. Vielleicht dürfen wir auch wählen gemäß unserem Glauben. Besser: wir lassen Gott für uns wählen.

Was ist dann „Ewiges Leben"? Bei Johannes lesen wir: „Das ist Ewiges Leben, den Vater als den einzig wahren Gott zu erkennen und Christus als den von Ihm Gesandten" (Joh 17,3). In meiner Sicht verheißt das: *ewig-gültiges Leben*. Es ist uns bereits im Diesseits angeboten und gibt unserem Bewusstsein eine Qualität über das Individuelle hinaus – als Beitrag des Einzelnen zur Bewusstseins-Entfaltung der Menschheit. Das ewig-gültige Leben ist für mich – dank der Gnadenzusage des Sohnes – zugleich ein *ewig-erlöstes Leben*: Frei von aller persönlichen und kollektiven Altlast bin ich angenommen und darf mich für das nahende Himmelreich einbringen. Dies schenkt mir innere Freude und Lebendigkeit.

Wenn ich auch kein Mensch der Gefühlsausbrüche bin, so weiß ich doch, was Freude heißt. Nach jeder meiner Geburten bin ich wie im Himmel geschwebt – ich war „außer mir“! Hat nicht auch Christus von dieser unermesslichen Freude der Gebärerin gesprochen? Ja, es gibt das Hochgefühl nach vollbrachtem Werk, die Seligkeit nach Erreichen eines neuen Ufers. Nach jeder Bewältigung kann es uns geschenkt sein.

Ich habe aber auch die *Voraus-Freude* erlebt, und zwar im Rahmen eines Seminars, als ich in den Moment meiner eigenen Geburt zurückversetzt wurde. Ich fand mich, soeben angekommen, zwischen den Beinen meiner Mutter wieder, und es überfiel mich eine grenzenlose Vorfreude auf das Leben! Die Fülle des Seins stand mir offen, als ich das Licht der Welt erblickte, meine Seele jubelte. Diese Vorfreude – so spüre ich jetzt beim Schreiben – lässt sich zurückrufen. Ich sollte es öfter tun! Ja, jeden neuen Tag sollte ich freudig als besonderes Angebot annehmen, so wie es Psalm 118 sagt: „Dies ist der Tag, den der Herr gemacht! Lasset uns freuen und darin fröhlich sein!“

Ich kenne auch die Freude des unerwarteten Wiedersehens, wie es mir wiederholt in Träumen geschenkt wurde, in denen ich lieben Verstorbenen wieder begegnete, in strahlender Lebendigkeit. Von der Beglückung des Wiedersehens sprach auch Christus zu seinen Jüngern – jener Freude, „die niemand nehmen kann“. Die himmlische Freude ist die Nähe Gottes. *Frère Roger* spricht vom Fest ohne Ende und fügt hinzu: Wo kämen wir hin, wenn das Fest aufhörte!

Beten und Ein-Stimmung

Was ist Einstimmung? Sie ist in erster Linie Zustimmung zur Stimmigkeit von Gottes Walten. Einstimmung gleicht daher eher einem Lauschen, einem Einverstandensein – auch ohne zu verstehen.

An vielen Stellen der Evangelien finden wir die Zusage: „Bittet, und ihr werdet empfangen!" Ohne Scheu, ohne Zögern und im vollen Vertrauen dürfen, ja sollen wir „mit Bitten und Danksagung" (Phil 4,6) bei Gott vorsprechen: Er wird sich der Angelegenheit annehmen. Es tut gut, im Gespräch Seine Nähe zu suchen und Seine Fürsorglichkeit zu spüren. Er ist allzeit für uns ansprechbar. Unser dringliches Rufen erreicht Sein Ohr immer, ein verzweifeltes Stoßgebet vermag Berge zu versetzen. Was das Beten anlangt, können wir viel von unseren jüdischen Geschwistern lernen. Ob es nur das Tischgebet ist oder ein inniges Flehen – wenn sie ihre Augen zum Himmel erheben, ist es so, als sprächen sie mit einem direkten Gegenüber. *König David* lobte Gott mit den Worten: „Ich habe den Herrn allezeit vor Augen … Er geht zu meiner Rechten" (Ps 16).

Unter den Christen meinen viele, wir kleinen Erdenwesen seien zu gering, um Gott mit unseren Nöten zu behelligen. Sie wenden sich lieber an „ihre" Engel bzw. den Schutzengel. Oft ergibt sich hieraus geradezu eine persönliche Beziehung zwischen Hüben und Drüben auf der Basis eines wundervollen Vertrauens, und gerade im Moment der Errettung aus Gefahr wird die wesenhafte Nähe eines Schutzengels spürbar. Es gibt zu diesem Thema ein sehr sachliches Buch von dem niederländischen Arzt *Hans Moolenburgh*: Engel als Beschützer und Helfer des Menschen. Plötzlich tauchen sie auf, lösen ein Problem, bewahren vor einem Unheil oder sagen nur einen einzigen wegweisenden Satz – um dann ebenso unauffällig wieder aus dem Blickfeld zu entschwinden. Da sie sich ständig für uns bereit halten, finden sie es am schönsten – so Moolenburgh – wenn wir beten: Denn dann haben sie „frei“ und können ihrer eigenen Lieblingsbeschäftigung nachgehen – Beten und Lobgesang.

Alle großen Religionen wissen um die Existenz der Engel. Die vornehmste Aufgabe der Himmelscharen, so heißt es, ist aber nicht die Bewirkung von Wundern, sondern ihr Chorgesang. Eine grandiose Vorstellung, dieses unablässige „Heilig! Heilig!“, hebräisch: „Kodusch! Kodusch!“ Man kann es erahnen, wenn man der Meeresbrandung lauscht. So heißt es auch, dass der Schöpfung ein Grundton unterlegt ist, ein lebensspendender Kontrapunkt, dem die buddhistischen Mönche mit ihrem feierlichen „OM“ nachspüren. Lobsingen ist Ein-stimmung, absichtslos, wunschlos. Es „erhebt unsre Seele zu Gott“, wie es im Lobgesang der Maria heißt; es bringt uns Ihm näher!

In der Römischen wie auch der Orthodoxen Kirche wird die Anrufung der Heiligen gepflegt, vor allem aber die innige Hinwendung zur mütterlichen Maria. Es gibt viele ergreifende Abbildungen und Skulpturen der Schutzmantel-Madonna, die die kleinen Menschlein schützend in ihrem Umhang birgt wie eine Glucke, die ihre Küken unter die Flügel nimmt. Maria erweist sich als die große Patronin jeglicher Form der Fürbitte. Wichtig ist, dass Maria und die Heiligen in ihrer Rolle als *Vermittler* gesehen und angesprochen werden. Als Protestantin rufe ich lieber Gott Selbst an: Wird Er doch entscheiden, ob Er einen Engel schickt, mir einen Mitmenschen zum „Engel“ macht – oder unerkannt Selbst eingreift.

Ein Erlebnis an einem als historisch geltenden Ort, dem vermuteten Refugium der Mutter Jesu mit Johannes im Wald oberhalb von Ephesus, hat meine „protestantische Distanz“ zu Maria grundlegend gewandelt. Wir kamen am frühen Morgen dorthin, ehe die Pilgerscharen eintrafen. In der kleinen Nebenkapelle, die als der ursprüngliche Teil der Gedenkstätte gilt, setzten mein Mann und ich uns zur meditativen Stille nieder. Auf einmal umwehte mich ein feiner, unverkennbarer Rosenduft! Es fanden sich jedoch in der Kapelle gar keine Blumen. Ich hielt es für Einbildung und mochte es erst meinem Mann nicht anvertrauen. Doch auch er hatte den Duft wahrgenommen! Solche unwahr-scheinlichen Erlebnisse überkommen uns nicht, weil wir sie erwarten, sondern sie haben uns erwartet.

Gott ist uns bei unserem Bitten nicht immer „zu Willen" in dem Sinne, dass Er die von uns bevorzugte Lösung schenkt. Doch wir dürfen vertrauen, dass Er stets die Auswahl trifft, die zu unserem Besten dient. Er liebt uns doch als Seine Kinder! Aber Er möchte uns als mündige Töchter und Söhne durchs Leben führen.

Christus vertraute dem Vater bis ins letzte, als Er am Ölberg um das Vorübergehen des Kelches betete: „Ich trinke ihn denn, so geschehe Dein Wille": Das von Gott *Gewollte* galt es zu erfüllen – denn die Zeit war erfüllt. Hierfür blieb der Gottessohn gehorsam bis zum Tod, ja bis zum Verlust von des Vaters Nähe.

Wiederholt spricht Christus vom Beten *in Seinem Namen*. Wofür steht der Name Christi? Nicht für Alltagsbelange, sondern für die Verwirklichung von Gottes Reich auf Erden. In dieses Ziel will Gott uns Menschen einbeziehen – als Betende wie als Handelnde. Halten wir uns daran, auf welche Weise Christus gewirkt hat: „Der Vater, der in Mir ist, der tut die Werke" (Joh 14,9). Ebenso tut Gott Seine Werke auch durch uns Irdische.

Ich besinne mich, wie ich mich nach einem gelungenen Vortrag völlig euphorisch bei meinem Herrgott für Seine Hilfe bedankte. „Verstehst du immer noch nicht?“ bedeutete Er mir: „Es sind ja gar nicht deine Vorträge, sondern du hältst die Meinen.“

Wenn wir für Gott unterwegs sein dürfen, schenkt uns das viel Beglückung. Aber zugleich ist die Aufgabe immer um ein Kleines zu schwer, damit wir begreifen, „dass die überschwängliche Kraft sei Gottes und nicht von uns“ (2 Kor 4, 7).

Nicht einmal richtig zu beten vermögen wir aus eigener Kraft. *Paulus*, diesem großen Beter, verdanken wir die Einsicht, dass der Geist Gottes unserer Schwachheit aufhilft und unser Gebet übernimmt. Er bekennt (Röm 8, 26): „Wir wissen nicht, *wie* wir in rechter Weise beten sollen; der Geist aber tritt für uns ein mit unaussprechlichem Seufzen.“ Sein Seufzen ist die Innigkeit und Stimmigkeit unseres Bittens! Für uns verbleiben: Voraus-Dank und Nach-Vollzug.

Kostbar wird unser Gebet, wenn es uns Menschen gelingt, es vom Kopf ins Herz zu bringen, indem wir die Nähe Gottes in uns zulassen. Die Bitte des immerwährenden Herzensgebets der Orthodoxen Kirche lautet: „Herr Jesus Christus, Gottes Sohn, erbarme Dich meiner.“ *Nikolaus von Flüe* betete: „Mein Herr und mein Gott, nimm mich mir und gib mich ganz zu eigen Dir.“ *Teresa von Avila* lebte mit der Losung: „Solo Dios Basta!“ – Gott allein genügt. *Franz von Assisi* ließ seine Seele unablässig bekennen: „Mein Gott, mein Alles!“

Auch die große Gebetssammlung der Bibel, das Buch der Psalmen, birgt wunderbare Schätze der Anbetung sowie des Dankes für Gebetserhörung und Errettung aus der Not. Immer wieder aber ist die Rede von den Feinden, die der Herr strafen und vernichten möge. Mit diesen Versen widerspricht der Psalter absolut dem christlichen Liebes- und Versöhnungsgebot. Ich helfe mir damit, dass ich „Feinde“

als die selbstsüchtigen Aspekte deute, die versteckt in meiner eigenen Seele nisten.

Für die Psalmen gilt die Ich-Form: Hier betet, singt, dankt ein Einzelner; viele Psalmen werden *König David* zugeschrieben. Das Vaterunser hingegen ist in der Wir-Form gehalten! Als mir dies eines Tages auffiel, durchfuhr es mich fast wie ein Blitz. Hat dieses Gebet überhaupt seinesgleichen? Hier betet die Gemeinschaft der Gläubigen, ein-stimmig, mit einer Stimme. Und sämtliche Gebetsanliegen, die wir Menschen haben können, sind in den Sieben Bitten des Vaterunser zusammengefasst. Es treibt mich oftmals, dieses von Jesus geschenkte Gebet als Glaubens- und Dankgebet zu sprechen:

VATERUNSER

Du, unser aller Himmlischer Vater

Heilig bist Du
Wir freuen uns auf Dein nahendes Reich
Wir vertrauen dem Walten Deines Willens,
der bei Dir schon erfüllt ist,
und möchten auf Erden dazu beitragen

Unser tägliches Brot
wie auch jeden neuen Tag
nehmen wir aus Deiner Hand
Du nimmst Dich unserer Schuld an
und stehst uns bei,
dass auch wir niemandem Vergebung schuldig bleiben
Allzu schwere Prüfungen
lässest Du an uns vorübergehen
Und erlösest uns von allem, was uns von Dir trennt

Denn
Dein Reich, Deine Verheißung
innewohnt allem Sein
Deine Kraft, Deine Lenkung
beflügelt alles Tun
Deine Herrlichkeit, Deine Nähe
überglänzt alles in allem

Wir danken Dir, weil alles gut ist
in Ewigkeit.

A M E N

Das höchste Gebet aber ist für mich das Hohepriesterliche Gebet von Christus selbst, das Er sicherlich ohne Unterlass im Herzen bewegt und auch noch zuletzt beim Abendmahl im Kreise der Jünger gesprochen hat (Joh 17,21-23). Er betete um die Einheit der Menschen, so wie Er eins war mit dem Vater: „*In uns* sollen sie eins sein, auf dass sie vollkommen seien."

Heilen und Segnen

Gott hat mir auf meinem Lebensweg geradezu planmäßig gezeigt, wie Er es anstellt, wenn Er durch mich hindurch bestimmte Werke tun will. Hierzu hat Er mich in Verbindung gebracht mit dem Geistigen Heilen. Um es vorweg klarzustellen: Geistiges Heilen ist weder eine Methode noch eine Technik. Ich verstehe Geistiges Heilen als religiöse Handlung. Vorbild ist die urchristliche Tradition: „Ist jemand krank, der rufe zu sich die Ältesten der Gemeinde, dass sie über ihm beten“ (Jak 5,14). Hierbei ist es nicht Vorbedingung, dass der Patient gläubig ist. Aber der Heiler muss glauben. Es geht um die Nähe Gottes. Hautnah – anders kann ich es nicht nennen – darf der Heiler die Erfahrung machen, dass ihm heilende Kräfte in die Hände gelegt werden. Ohne Gott könnte er keinem Kranken helfen. Aber so, in fürbittender Einstimmung, wird er zum Zeugen und zugleich zum Werkzeug von Gottes Wirken. Auf diese Weise ist Geistiges Heilen ein priesterliches Amt, das zwischen Gott und Mensch vermittelt. Gott neigt sich Beiden zu und setzt Ungeahntes in Gang.

Oft werde ich gefragt: Wie wird man ein Heiler? *Harry Edwards*, der Nestor der britischen Heiler-Bewegung, pflegte zu antworten: „Wer diese Frage überhaupt stellt, der ist berufen.“ Ein anderer englischer Heiler, *Ron Buckle*, hat dies auf den Punkt gebracht mit der Gewissensfrage: „Do you want to be a healer, or do you want to heal?“ – Wollen Sie als Geistheiler dastehen, oder wollen Sie schlicht den Menschen helfen?

Man täusche sich nicht: Geistiges Heilen ist zu allererst Arbeit an sich selbst. Denn wenn ich weiterspenden möchte, was Gott mir an heilenden Kräften anvertraut, so muss ich nicht nur „durchlässig“ sein, sondern habe mich um Reinheit, Lauterkeit und Wahrhaftigkeit zu bemühen. Wenn ich zwischen Gott und Mensch vermitteln darf, so bin ich dafür verantwortlich, dass der durch mich laufende Heilungsstrom von nichts getrübt wird! Ich muss also ein Leben führen, dessen Beziehungen geordnet sind, und muss vor allem Versöhnung mit meinen Problem-Menschen suchen.

Dem Heiler stehen keinerlei medizinische Ratschläge oder diagnostische Aussagen zu: dies schon aus Haftungsgründen. Das Medizinische übersteigt sowohl seine fachliche Kompetenz als auch seinen Auftrag. Außerdem sollte der Heiler finanziell unabhängig sein: Christliches Heilen ist gratis, denn es ist kein Broterwerb, sondern ein Dienst der Nächstenliebe. Auf diesen Punkt wurde in der englischen Heilerbewegung unter Harry Edwards besonders geachtet, denn „umsonst habt ihr's empfangen, umsonst gebt es auch" (Mt 10,8). Die englischen Heiler verpflichten sich übrigens auf den Eid des Hippokrates. Der Glaubensheiler verwendet auch keine magischen Formeln oder Rituale sowie keine spektakulären Gesten. Er tritt nicht als Guru auf und macht keine Heilungsversprechen, er spielt sich nicht missionarisch auf. Der Grundsatz lautet: Rede nicht von Gott, wenn man dich nicht fragt, aber lebe so, dass man dich fragt.

Geistiges Heilen – besser gesagt: geistiges Helfen – gibt es als Handauflegen (contact healing) in der direkten Begegnung sowie als Fernheilung (distant healing) in Gestalt der Fürbitte-Meditation.

Heilbehandlung durch Handauflegen

Das Handauflegen habe ich bei den Lehrgängen der Deutschen Vereinigung für Geistiges Heilen (DVGH) kennengelernt, wo ich englischen Heilern assistiert und auch für sie gedolmetscht habe. Viele eindrucksvolle Besserungen, zumeist funktioneller Beschwerden, habe ich miterlebt, aber auch viele bewegende Beratungsgespräche: Geistige Heiler wissen dank ihrer intuitiven Einfühlungsgabe, oft auch ihrer Hellsichtigkeit, so manchen psychischen Konflikt ans Licht zu bringen. So ist das Seelsorgerische häufig ein wesentlicher Teil der Begegnung.

Es beginnt mit einem innerlichen oder gemeinsamen Gebet, in dem der Heiler sich und den Patienten Gottes Führung überantwortet: Er bittet um Gottes Nähe – und dass Gott das schicken möge, was Er schicken will; dann stimmt er sich in den vor ihm sitzenden Menschen ein. Einstimmung ist Hingabe und Loslassen in einem. In einer Art lauschender Aufmerksamkeit ist der Heiler ganz auf diesen Kranken eingestellt, während rings umher alles versinkt: Er wird absichtsloses Werkzeug. Der Zustand ähnelt einer leichten Trance bei gleichzeitig hoher Präsenz und Hinwendung. Diese Stufe der Versenkung ist sogar als eine bestimmte alpha-Frequenz am EEG des Heilers ablesbar. Eine Studie am Londoner St. Bartholomew's Hospital mit dem Heiler *Gilbert Anderson* in den 1980er Jahren konnte dies belegen. Sie überraschte zudem mit einer weiteren Enthüllung: Sobald sich die Patienten vertrauensvoll „fallen ließen" und dem Geschehen öffneten, nahmen ihre EEG-Wellen dieselben Muster an.

Mit der Einstimmung „verselbstständigen" sich des Heilers Hände: Hellfühlig finden sie die Körperstellen, die der Zuwendung bedürfen. Der Patient braucht sich übrigens beim Geistigen Heilen nicht zu entkleiden. Ich erfahre jede Heilbehandlung als völlig neuartig, auch beim selben Patienten, und staune freudig über den „Einfallsreichtum" meiner gelenkten Hände. Ich höre oft, dass von ihnen eine angenehme, sanfte Wärme ausstrahle, wenn sie an der „richtigen" Stelle ruhen. Oft finden meine Finger auch Verspannungen, die ich kräftig durchzukneten habe. Bei meiner Gartenarbeit fehlt mir die Kraft, den Spaten in die Erde zu stemmen; beim

Healing aber können meine Hände unglaublich stark sein. Viele Heiler haben die Vorstellung eines Energieflusses feinstofflicher Art. Da es aber erfahrungsgemäß solche feinen Ströme von sehr unterschiedlicher Qualität gibt, beziehe ich mich bewusst auf Gottes Segen als der höchsten Quelle. Daher gehört für mich als Abschluss einer jeden Heilungsbehandlung das Symbol des Kreuzes und selbstverständlich mein Dankgebet für das, was geschehen durfte.

Was sich beim Geistigen Heilen abspielt, ist für einen rationalen Beobachter nicht nachvollziehbar, denn je mentaler ein Mensch, desto geringer seine Antenne für den Bereich der Intuition. Es erscheint mir wie ein Wunder und ich bin jedes Mal ergriffen, wenn Gott mich für würdig und tauglich erachtet für eine solche Heilungsbegegnung. Es ist immer eine Begegnung des Vertrauens: Ich vertraue Gott – der Patient begibt sich vertrauensvoll in meine Hände – und ich erfahre, dass Gott in mich Sein Vertrauen setzt.

„Gott setzt Sein Vertrauen in dich." Eben dies geben die Brüder von Taizé den zu ihnen pilgernden Jugendlichen als Lebensermutigung mit auf den Weg: Du, der Einzelne, bist wichtig. Gott wird dich an den richtigen Platz stellen und befähigen. Er traut dir zu, dass du es richtig machen wirst. Er geht das Wagnis ein, Sich auf dich zu verlassen. Vertraue auf Sein Vertrauen. Das Geistige Heilen hat mein Selbstverständnis von Grund auf verändert. Ich weiß heute um mein Angewiesensein auf Gott; aber auch darum, dass ich Ihm hier und da für einen Einsatz tauge.

Urformen des Heilens

Heilen durch Einstimmung ist wohl die älteste und ursprünglichste Form des Heilens. Auf jener animistischen Ebene des Bewusstseins, die *Gebser* als die magische Dimension bezeichnet, war der Mensch noch derart eins mit der Natur, dass er ihr Botschaften entlocken konnte. Wir wissen solches von den Medizinmännern der Indianer, die der Heilkraft bestimmter Pflanzen auf die Spur kamen, indem sie deren Übereinstimmung mit der Krankheit ihrer Patienten erspürten.

Wir vernahmen in den 1960er Jahren einen persönlichen Bericht einer Forscherin aus dem deutschen Ethnologenteam von *Wulf Schiefenhövel.* Sie war unsere Sitznachbarin auf einem langen Interkontinentalflug und berichtete uns von einem damals noch auf der Steinzeit-Stufe lebenden Volksstamm in Papua-Neuguinea, mit dem das Team monatelang zusammengelebt hatte – ohne jede Verbindung nach draußen. Es war ein friedlicher Stamm. Eines Tages erkrankte sie ernsthaft; alle mitgeführten Medikamente waren verbraucht und hatten nichts bewirkt. Völlig unaufgefordert erschien am kritischsten Abend ein Eingeborener und verweilte die ganze Nacht wortlos an ihrer Lagerstätte. Als er am Morgen wieder ging, war das Fieber gewichen, der Zustand deutlich gebessert und sie genas alsbald.

Eine außergewöhnliche Art Geistigen Heilens gab es in den 1970/1980er Jahren auf den Philippinen. Jene Heiler führten „Operationen" aus, bei denen der Eindruck entstand, sie öffneten den Leib des Patienten mit der bloßen Hand. Sie machten eine Schnittgeste und griffen danach in den Leib „hinein", um krankes Gewebe zu entfernen. Es trat hierbei eine blut-ähnliche Flüssigkeit auf. Nach Zurückziehen der Hände war der Leib wieder geschlossen – und dies narbenlos. Über die Echtheit der Prozedur ist viel gerätselt worden. Man hat auch Proben des Entnommenen im Labor untersucht. Es erwies sich als gewebeähnlich, jedoch als keinesfalls vom Menschen stammend. Das Thema faszinierte uns. So machten wir bei einer Australienreise einen Abstecher auf die Philippinen: in die Provinz Pangasinan, wo die meisten der Heiler wirkten.

Dank einer Empfehlung kamen wir in einem abgelegenen Dorf zu der Heilerin *Josefine Sison*. Als wir an einem Sonntag-Morgen bei ihr eintrafen, nahm sie uns als erstes in ihre Kirche mit. In einer barackenähnlichen Kapelle erlebten wir einen Gottesdienst der *Unitas Espiritista Christiana*, aus der die Heiler hervorgegangen sind. Der Name bezieht sich auf beides: den noch lebendigen traditionellen Geisterglauben der Filipinos wie auch auf die Heilig-Geist-Spiritualität dieser charismatischen Sekte. Die Gemeinde blieb mit Singen und Beten sowie tranceartigen Predigten und Segnungshandlungen den ganzen Vormittag beisammen; zum Schluss kamen die Kranken an die Reihe. Sie legten sich auf den Altartisch mit dem Kopf auf der aufgeschlagenen Bibel – Kapitel 16-17 des Johannes-Evangeliums – und wurden „operiert" vor aller Augen. Immer wieder streckte Josefine ihre Arme nach oben, um Kraft zu erflehen. Wir spürten, hier fand Glaubensheilung statt; aber diese galt den Einheimischen und war abgestimmt auf deren Mentalität.

Am Nachmittag erlebten wir Josefine Sison dann in ihrer eigenen schlichten Kapelle, ebenfalls mit Altar und aufgeschlagener Bibel. Hier warteten schon die Touristen. Sie suchten beides: Hilfe wie auch Sensation. Wir konnten den „Operationen" aus nächster Nähe zusehen, durften auch fotografieren. Da wir direkt neben Josefine standen – sie war kurzärmelig gekleidet – war es eindeutig, dass sie nicht trickste und wirklich etwas Gewebe-artiges „entnahm", das sie in den Abfalleimer warf. Mein Mann und ich fühlten uns in keiner Weise krank, hatten aber im Gottesdienst Vertrauen gefasst und ließen uns auf eine Behandlung ein. Der „Eingriff" – im wahrsten Sinne des Wortes – war nicht angenehm: Es blieb mir fast die Luft weg, als hätte man mir einen Schlag aufs Sonnengeflecht versetzt; und noch bis zum Abend hielt das Gefühl einer inneren Wunde an, so ähnlich wie nach dem Abzwicken einer Gewebsprobe aus dem Unterleib. Josefine entließ uns mit der Anweisung: heute kein Fleisch, kein Alkohol, nichts Kaltes trinken. In den folgenden zwei Tagen haben wir kräftige Ausleitungssymptome durchgemacht, die jeden Naturheilarzt erfreut hätten. Ob wir von einer Krankheit bewahrt worden sind, bleibt offen. In Baguio wie auch in der Hauptstadt Manila lernten wir weitere Heiler kennen. Allen gemeinsam war ihre religiöse Ausrichtung; von den meisten erfuhren wir, dass sie regelmäßig in die Einsamkeit der Berge gingen, um dort zu fasten und zu meditieren.

Geistiges Heilen durch Fürbitte

Mehr als das Handauflegen hat mir immer die Fürbitte-Heilung am Herzen gelegen: die meditative Einstimmung auf Kranke im Gebet. Sie sucht die Nähe Gottes um des leidenden Mitmenschen willen. *Harry Edwards* erachtete „distant healing" als die subtile und „höhere" Form des Geistigen Heilens, weil die Person des Heilungsmittlers zurücktritt. Fern-Fürbitte ist ein Weg zur empathischen Vernetzung unter den Menschen.

Es ist immer gut, sich für die Meditation eine bestimmte Zeit im Tageslauf zu reservieren, damit die Gewohnheit sich festigt. In der Wohnung gibt es gewiss einen stillen Winkel, den wir mit Blumen, einem besonderen Bild, einer Kerze schmücken können. Dann benötigen wir nur noch ein „Heilungsbuch": In dieses tragen wir die Namen der Mitmenschen ein, von deren Not wir erfahren haben und die wir Gott anempfehlen wollen. Dies soll im Gefühl der Betroffenheit – ja der Dringlichkeit – geschehen, so als wollten wir diese Kranken Gott zu Füßen legen. So beschreibt es Lukas: Als das Haus übervoll war, dass man nicht mehr eintreten konnte, wurde das Dach abgedeckt, um den Kranken direkt vor Jesus hinzulegen. Wenn wir unsere zu Betreuenden ins Heilungsbuch eintragen, genügt der Name; eine Diagnose schreiben wir nicht hinzu, denn wir wollen ja nichts „zementieren". Vielmehr stellen wir uns den Patienten als heil vor. Wir können unserer Schützlinge einzeln gedenken oder als Gesamtheit. Bei alledem überlassen wir immer Gott die Regie und versuchen nichts mit Hilfe eigener Energien zu erzwingen. Wir sind, wie *Ron Buckle* lehrte, zwar „responsible *to* our patients, but not *for* them" – wir tragen zwar Verantwortung gegenüber unseren Patienten, aber wir sind nicht für sie verantwortlich. Wir werden aber – wenn möglich – mit den Betreuten Kontakt halten, um unsere Verbundenheit zu bekunden, den Stand der Dinge zu erfragen und um Mitfreude bzw. Trost auszusprechen.

Es existieren dokumentierte Studien zum Thema Gebetsheilung in den USA: Durch Los wurden in Kliniken zwei vergleichbare Patienten-Gruppen derselben Krankheit bestimmt; für die eine Gruppe wurde anonym von einem Fürbittekreis gebetet, für die andere nicht. Bei den Gebets-Begleiteten war der Heilungsverlauf signifikant schneller und komplikationsloser. Wäre es nicht sinnvoll, solche anonyme Gebetsbegleitung in allen Spitälern einzurichten?

Wir sollten Krankheit und Leid nicht als Strafe Gottes werten, sondern als einen Fingerzeig, innezuhalten und neue Perspektiven zu suchen. Ist für einen Menschen ein solcher Prozess fällig, so wird er dem nicht ausweichen können. Wir aber, seine Wegbegleiter, dürfen für ihn Führung und Gnade erbitten. Eben dies war der Wunsch der 12. Fee im Märchen von Dornröschen, nachdem die böse 13. Fee das Mädchen ver-wünscht hatte. Der *Segenswunsch der Guten Fee* steht uns jederzeit offen, ist er doch so einfach und kein Eingriff in das Schicksal.

Gemäß der lebenslangen Erfahrung von *Harry Edwards* hat Geistiges Heilen immer eine Wirkung, auch wenn sich im Äußeren anscheinend nichts bessert. Denn Heilung nimmt oft den Weg von innen her: Der Patient gewinnt eine neue

Einstellung zu seiner Krankheit, einen innerlichen Kraftzuwachs, einen Anstoß zu sinnvollen Initiativen – oder er kann getrost durch die Pforte gehen. Das meint auch der *Apostel Jakobus*, der zum Beten über den Kranken aufruft: „Das Gebet des Glaubens wird dem Kranken helfen, und der Herr wird ihn aufrichten“ (Jak 5, 15).

Besonders beglückend ist es, wenn wir mit Gottes Hilfe zu einer Versöhnung beitragen dürfen. Oft wird uns von einem Heilungssuchenden ein quälendes Zerwürfnis anvertraut, das wir im verständnisvollen Gespräch mit ihm von allen Seiten beleuchten können. Wir als Helfende sind emotional unbeteiligt und vermögen daher das Leid ohne Wertung und Schuldzuweisung Gott anzuvertrauen. Wir dürfen dem Betroffenen anbieten, dass wir an seiner Stelle das Beten übernehmen, damit er loslassen kann. Oft erfahren wir einige Zeit später, dass eine Wandlung eingetreten ist.

Unser Fürbittekreis

Unser Münchner Fürbittekreis trifft sich seit 1983. Drei Jahrzehnte lang fand er 14tägig statt. Seit unserem Wegzug trifft sich der Kreis einmal monatlich; es bestand der dringende Wunsch nach Fortführung. Seitdem stellt uns eine Freundin ihre Räume zur Verfügung. Für mich ist es wie ein Wunder, dass der Kreis so lange Bestand hat – trotz wechselnder Teilnehmer, Generationenwechsel und Heimgang mancher lieber Getreuen.

Ab 18 Uhr steht das Haus offen; das Treffen beginnt mit einem Plauderstündchen bei Gebäck und Kräutertee. Danach nehmen wir im Stuhlkreis Platz. Die Teilnehmerzahl ist wechselnd – zwischen 20 und 30 Freunden. Anmeldung ist nicht nötig; und oft werden Interessierte aus dem Lebenskreis der Teilnehmer mitgebracht. Wir stellen uns mit Vornamen in der Runde vor. Die Gruppe ist überkonfessionell, niemand wird nach der Konfession gefragt, bei manchen Freunden weiß ich sie bis heute nicht.

Das Eingangsgebet ist mir sehr wichtig: Ich bitte Christus, Er möge uns helfen, in Seinem Namen versammelt zu sein, damit wir Ihn mitten unter uns erwarten können. Danach folgt ein kurzer Austausch: Wie geht es den von uns Betreuten? Gibt es neue Sorgenkinder? Den neu Hinzugekommenen erkläre ich, dass wir all dieses im Rahmen des Beicht- bzw. Therapeuten-Geheimnisses besprechen. Nun sind wir bereit für unsere Fürbitte-Meditation. Sie wird eingeleitet mit dem „Adoramus Te Domine" aus Taizé; diese Musik, die acht Minuten währt, scheint ein besonderes Echo in unserer Seele auszulösen, denn sie lautet in deutscher Übersetzung: „Wir beten Dich an, Herr!" Wenn dann in die Stille hinein unsere Kranken genannt werden und auch unsere Sehnsucht nach Frieden und Heil für die Welt, wächst eine ungemein verdichtete Atmosphäre der Einstimmung und der Einstimmigkeit unter uns. Ich beschließe diesen Teil des Abends mit einem Dank-Gebet dafür, dass Gott uns hört und erhört. Danach fahren wir fort mit dem Vortrag eines Teilnehmers oder eines Gastes, samt Aussprache. Der Titel des Vortrags – über ein geistliches Thema, eine besondere Persönlichkeit oder ein aktuelles Buch – wird vorab im halbjährlich versandten Einladungs-Rundbrief bekannt gegeben. Für den Ausklang haben wir seit Jahrzehnten ein festes Ritual, das alle als beglückend erleben: Wir schließen uns mit unseren Händen zum Kreis zusammen und flüstern uns ringsum ins Ohr: „Es ist schön, dass es dich gibt!" Und dann verabschieden wir uns mit einem gemeinsamen fröhlichen „Es ist schön, dass es uns alle gibt!"

Der Vergleich mit einem Orchester liegt nahe: Wenn es gut ist, setzt es sich vermutlich aus lauter Solisten zusammen. Nun – unser Fürbittekreis besteht aus großartigen Solisten! Das Besondere jedoch ist die herzliche und bedingungslose

Vertrautheit, die uns verbindet und in welche die neu Hinzukommenden sich rasch hineinfinden. Unsere zuversichtliche Lebenseinstellung schmiedet uns zusammen in einer Welt, die so unbegreifliche Wege geht. Viele stabile Freundschaften und seelsorgerische Bindungen sind entstanden: Keiner wird allein gelassen. Die betenden Freunde haben auch meine Familie durch manche Zeiten der Krankheit hindurchgetragen. Fürwahr: geteiltes Leid ist halbes Leid, Teilhabe in der Fürbitte ist doppelte Fürbitte! Wir bestärken und bestätigen uns untereinander in der Gewissheit, dass wir auf stille Weise Verantwortung ausüben können und sollen. Für etliche unser Teilnehmer, die von den offiziellen Kirchen abgerückt oder gar dort ausgeschlossen waren, konnten wir ein Stück Heimat bieten. Eine anonyme Prüfung unseres Fürbittekreises seitens des Sektenressorts der Evangelischen Kirche endete mit der Bestätigung, dass die von uns praktizierte Form vorbildlich sei: zuerst miteinander essen und im zwanglosen Austausch eine Gemeinschaft bilden, und dann aus dem entstandenen Gemeinsamen heraus den sakralen Teil gestalten.

Über ein Drittel-Jahrhundert ist der Fürbittekreis nun fester Teil meines Lebens! Ich staune über dieses „Werk", in das Gott mich einbezogen hat, und kann nur sagen: Ich bin unendlich dankbar dafür.

Gottes Nähe als Tatsache

Ist es Zufall oder Fingerzeig? An dem Morgen, als ich mir Gedanken machte, was denn nach all dem Gesagten noch im Schlusskapitel stehen sollte, fiel mir in dem Wiener Gratisblättchen „Heute“ ein alles auf den Punkt bringendes Tages-Motto von *Papst Franziskus* zu. Ich fand diese Losung – bei den Rätsel-Lösungen, klein und versteckt! „Mein Leben, meine Haltung, mein Lebensstil muss ein konkretes Zeichen für die *Tatsache* sein, dass uns Gott nahe ist.“

Ebendies soll ja die Botschaft meines Buches sein: Gottes Nähe möge in unserem Leben bewusste Wirklichkeit werden. Wirklichkeit ist das, was wirkt! Gott hat uns Menschen so ausgestattet, dass wir mit Ihm zusammen das Himmelreich auf Erden errichten könnten. Er lädt uns alle zur Teilhabe an Seinem allumfassenden Ganzen ein, Er hält für jeden besondere Begabungen bereit. Im Grunde habe ich das Buch zu meiner eigenen Ermahnung geschrieben, denn ich selbst lebe meinen Alltag meist dahin, ohne bewusst der Nähe Gottes eingedenk zu sein. Das begründet – dessen bin ich gewiss – in Gottes Augen keine Schuld, aber es lässt meine Seele verarmen. Ich danke Gott für die vielen Anlässe, in denen Er sich mir immer wieder in Erinnerung bringt.

Es ist gut, schon gleich morgens beim Aufwachen Gottes Nähe zu bejahen und zu begrüßen, und dies nicht nur für uns selbst, sondern für alle Menschen, ausnahmslos – besonders auch für unsere Feinde. Denn Gottes Nähe ist unser größter Schatz und zugleich unser größter Schutz. Sie ist allerdings – das sollte klar sein – kein Talisman gegen die Unbillen und Mächte dieser Welt; sondern Gottes Nähe schützt den Menschen vor sich selber in dessen vielfältigen Irrungen und Wirrungen.

Es gibt ja so viele Verlockungen in der Welt: nicht zuletzt die, sich selbst zum Herrgott zu erheben, um angebetet und auch gebührend gefürchtet zu werden. Das gilt auf der großen Bühne der Weltgeschichte, findet aber auch in unserem persönlichen Umfeld statt. Solches macht uns zu Parasiten der Menschheit. Wie anders doch der „schmale Mann aus Nazareth", wie *Jörg Zink* ihn nennt: Jesus, der Menschensohn, der uns zum Fest der Nähe und der Gemeinschaft mit Gott einlädt. Schaffen wir es, uns nahe an Ihn zu halten, der die Enge und Nöte menschlicher Existenz hautnah geteilt hat? Viele von uns können zwar an Gott glauben, aber nicht an den offenbarten Sohn. Vielleicht gelingt es uns jedoch beim Blick auf Christus, uns auf die eingangs zitierte Anregung einzulassen, eine Zeit lang so zu leben und zu handeln, *als-ob* … So als-ob Gott in Jesus Christus tatsächlich menschen-nahe erschienen ist.

Dieses Buch will auch meine Überzeugung vermitteln, dass Gott jedem Menschen eine genau passende Berufung schenkt. Wie vielen ist solches Gewiss-Sein heute leider verloren gegangen! Dieser Sinnverlust ist meines Erachtens die Ursache der um sich greifenden Orientierungslosigkeit. Der für uns bestimmte und genau zugeschnittene Einsatz in Sachen Gottes kann etwas sehr Unscheinbares sein: vielleicht nur eine kleine Begegnung, in der wir im rechten Augenblick für einen anderen Menschen „Christus leben" dürfen. Unser Auftrag kann aber auch ein lebenslanges Engagement bedeuten. Glücklich ist, wer in dem, was er tut, seine Berufung findet.

In unserer Ich-Bezogenheit beschäftigen wir uns zumeist mit unseren eigenen Problemen. Mögen wir darüber aber nicht die Nöte unserer Mitmenschen, ja das weltweite Leid ganzer Völker vergessen, und überhören wir nicht den Aufschrei der geschundenen Natur! Unsere Teilhabe am Ganzen stellt uns in weitreichende Aufgaben nicht nur im

Äußeren, sondern auch innerlich. Im Äußeren geht es um unsere Verantwortung für die planetare Ökologie sowie gerechte Güterverteilung und Wohlfahrtspflege für alle. Im Inneren aber, dem Seelisch-Geistigen, bedeutet Teil-habe zuallererst Anteil-nahme, also erbarmende Herzen. Denn nicht aus Vernunft bzw. Zukunftsangst wird sich die erhoffte Bewusstseinswende vollbringen lassen, sondern einzig aus Liebe: zu Allen, zu Allem, und als erstes zu Gott. Ja, aus Liebe zu Gott sollte uns Seine Schöpfung heilig sein. Hierfür können wir alle im Sinne der obigen Losung unseren Beitrag leisten: mit unserem Lebensstil, unserer Haltung, unserem Leben.

Danksagung

Du füllst das ganze All durch Dein Gewahren,
    und allein darum lebe ich bewusst,
    um DASS DU BIST und WAS DU EWIG TUST
zu ahnen und erneut zu offenbaren.

Du rufst mich, Herr, denn Du willst aus mir strahlen.
    So zieh' denn mit mir durch die Lande weit
    und halt' mein Herz für diesen Dienst bereit –
Ja, lass' mein armes Herz Dir wohl gefallen.

Und wenn mir Menschen ihre Liebe schenken,
    weil Dein Strahl sie erreicht hat und berührt,
    so bist's ja Du, dem dieser Dank gebührt:
Ihn Dir zu zollen, lehre mich bedenken.

Weitere Gedichte der Autorin im Internet unter
www.gleditsch-anneliese.at

Weitere Veröffentlichung der Autorin

Anneliese Gleditsch

Vom Bewußtsein zum Gewißsein

Hinführung zu einem somatopsychischen Menschenbild

Augsburg: Opal-Verlag (info@opalverlag.de)
476 S., 50 Illustrationen
ISBN 978-3-924021-07-8
Kartoniert, € 20,00 [D]

„Dieses Buch … ist ein Schritt auf dem Weg der Entfaltung integralen Bewusstseins und in sich immer ganzheitlich, da die körperlichen, seelischen und geistigen Ebenen berücksichtigt und ineinander verwoben sind. So gibt es eine Fülle von Anregungen und macht neugierig, in bestimmten Bereichen selbst weiter zu suchen und zu forschen. Der Titel deutet darauf hin, dass die Autorin auch den Mut hat, authentische Antworten zu geben, die sie aus ihrer spirituellen und christlichen Haltung schöpft."

Internationale Jean Gebser Gesellschaft